인생은 마라톤과도 같습니다. 오르막도 있고 내리막도 있고 넓은 길 좁은 길을 굽이굽이 달려 결승점에 이릅니다. 정성 선교사는 소화기내과 의사로서 인생을 마치 위장을 통과하는 음식에 비유합니다. 위에서 부서지고 녹아져서 소장으로 이동하고 구불구불 돌며 그곳에서 필요한 영양분을 다 흡수시키고 마지막 대장에서 변이 되어 생을 마칩니다. 비움과 채움, 내가 비워질 때 하나님은 선교의 열매들로 다시금 채워주십니다. 이 책은 선교지에서 만난 환자들과 동료들의 삶의 모습이지만 그보다는 정성 선교사 본인의 민낯이며 자신의 창자 내면을 드러내는 절규입니다. 자신의 모든 것을 배설물이라고 한 바울의 고백이 비로소 마음에 와 닿습니다. 여러분도 분명 내가 누구인지 다시금 깨닫게 될 것입니다.

박상은 샘병원 대표원장, 대통령직속 국가생명윤리위원장

허드슨 테일러 선교사는 중국 사역 초기에 과로로 몸이 심하게 상해 한동안 사역지를 떠나 있어야 했습니다. 이 기간에 그는 매달 백만 명의 중국인들이 예수님을 모른 채 죽어가고 있다는 사실에 몹시 고통스러워했습니다. 이 모습을 안타깝게 여기던 한 형제가 그를 브라이튼 바닷가로 불러 휴가를 갖도록 했는데, 이때 허드슨은 해변을 거닐다 결국 하나님 앞에 완전히 항복하고 나서야 비로소 말로 다 표현 못할 해방감을 누렸고, 곧장 하나님께 내지인 중국 11개 성과 내몽고로 둘씩 짝지어 보낼 24명의 헌신되고(willing), 능력 있는(skillful) 일꾼들을 중국 내지로 보내 달라고 기도했습니다. 그는 요양하며 하나님과의 깊은 교제 외엔 아무것도 할 수 없었던 이 약함의 시간이 장차 중국내지선교회(CIM)를 창설하는 준비기간이 될 줄 당시엔 몰랐습니다.

정성 선교사를 생각할 때 허드슨이 구했던 헌신되고, 능력 있는 일꾼이 오버랩 됩니다. 복음을 전하고자 하는 선교사로서의 열정과 내과 의사로서의 전문성이 그러합니다. 그는 이 책에서 자신이 진료해온 환자의 내장 하나하나에 선교지에서 만난 영혼들 한 명 한 명의 이야기를 연결합니다. 그리고 하나님의 함께하심으로 어떻게 그들을 그리스도께 인도하고 세워갈 수 있었는지 수채화처럼 풀어놓습니다. 한번 들면 스르르 흘러가듯 읽는 가운데 어느새 우리의 약함과 하나님의 크심을 알게 해주는 귀한 간증의 편린들입니다.

김승호 한국OMF대표

내시경과 친숙한 남자, 정성 선교사는 하나님의 형상을 찾는 사람입니다. 어떤 증상이나 배경을 가졌든, 단 한 번 마주하는 사람이라도 정성 선교사에겐 '하나님의 형상을 가진 존재'입니다. 정성 선교사는 겸손합니다. 그는 자신이 만나는 모든 사람들이 하나님께서 그에게 보내주신 스승이라고 고백합니다. 그는 수많은 만남 속에서 하나님을 경험했습니다.

이 책은 정성 선교사가 걸어온 삶의 기록이며, 성령이 주연 되신 하나님나라의 이야기입니다. 또한 치열한 삶을 살아가며 어떻게 하나님과 동행할 수 있는가를 보여주는 길잡이입니다. 의사이며 선교사이기에 보여줄 수 있는 하나님의 사랑이 실감나게 드러납니다. 인간의 내장 구조 속에 담은 그의 이야기는 창조주 하나님, 신실하신 하나님 앞에서의 신앙 고백입니다. 오늘날 이웃에게 무관심하고 미온적인 태도로 살아가는 사람들에게 큰 도전이 될 것입니다. 진지하게 자신이 누구인지 되돌아보고 성찰하고자 하는 이들에게 일독을 권합니다. 특별히 이 책을 통해 청년들이 자신의 미래를 멋지게 디자인하게 되리라고 확신합니다.

김성희 기독대학인회(ESF) 대표

의예과 시절 하나님을 인격적으로 만나고, 캠퍼스에서 같이 전도하고, 기도하고, 의료봉사를 계획하며 미래를 그렸던 친구가 있습니다. 내과 전문의가 되고 나서도 같이 개업하면서 평생 동역자로 살기로 약속한 친구입니다. 그가 바로 정성 선교사입니다. 학생 때 품었던 선교의 소명은 늘 그의 가슴을 뛰게 했고, 결국 그는 그리스도 예수의 심장을 가지고 선교지로 뛰쳐나가지 않을 수 없었습니다. 병원을 개업하고 가장 잘나가던 때의 일이었습니다.

하나님의 음성을 들은 사람은 가만히 있을 수가 없나 봅니다. 하나님을 만난 사람은 그분의 음성에 귀 기울이고 작은 일에 충성한다는 것을 그의 삶이 보여줍니다. 하나님의 양들을 사랑하고, 그들의 사소한 것도 기억하고 챙기며, 한 영혼이 하나님을 만나면 세상을 다 얻은 듯 기뻐하는 모습이 그렇습니다. 예수님과 동역하는 삶을 사는 사람은 세상이 주는 영광을 배설물처럼 여긴다지요. 이 책엔 세상이 귀히 여기는 것은 쉽게 통과시키고 하나님이 주시는 것에 모든 정성을 다하는 삶의 이야기가 있습니다. 그 이야기를 따라가다보면 하나님의 음성을 듣고, 그분의 동역자가 되고자 하는 열망이 생길 것입니다.

임영국 미래한국병원 원장

통과

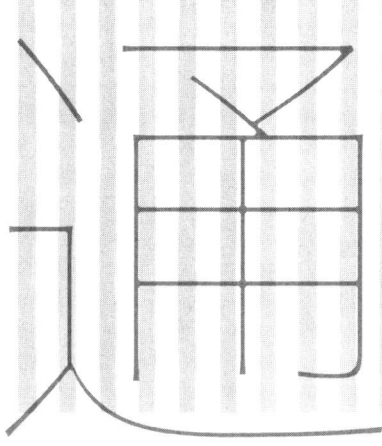

복음에 빛친 내시경 의사 이야기

통과

정성 지음

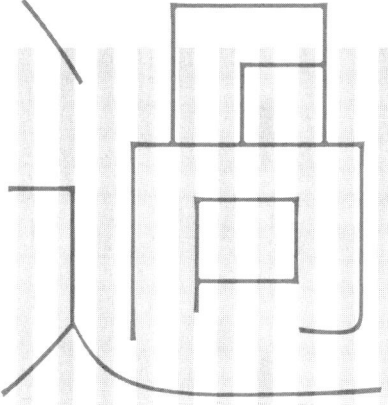

좋은씨앗 omf

통과

초판 1쇄 발행 2017년 5월 10일
초판 3쇄 발행 2019년 10월 10일

지은이 정성
취재·구성 이기섭
일러스트 김선영
펴낸이 신은철
펴낸곳 좋은씨앗
출판등록 제4-385호(1999. 12. 21)
주소 서울시 서초구 바우뫼로 156(MJ 빌딩), 402호
주문전화 (02)2057-3041 주문팩스 (02)2057-3042
이메일 good-seed21@hanmail.net
페이스북 www.facebook.com/goodseedbook

ISBN 978-89-5874-280-7 03230

엄마 아빠의 길을 함께 걸어준
에스더, 모세, 지니에게

차례

들어가는 글: 위와 장을 통과하며 **10**

○ **가슴이 뛴다 – 분문** **15**
이름을 부르다 | 소매치기가 준 첫 급여 | 죽음을 각오하겠느냐 | 천천히 합시다 | 선교식육점

○ **인생의 허기를 느끼다 – 저부** **47**
벼룩투성이의 천사 | 막다른 골목에서 | 사람은 빵만으로는 살 수 없다 | 곧 다시 만나요

○ **부족한 사역은 없다 – 체부** **66**
마님, 교회 갑시다 | 의사와 선교사, 두 혈관 사이에서 | 최고의 성탄절 선물 | 불을 일으키러 왔다

○ **기쁨의 존재가 되기 위하여 – 전정** **90**
선교사의 이사하기 | 이삭의 우물 | 궁휼히 여겼더니 | 우리를 도와주세요

○ **음식물의 재탄생 – 유문** **112**
뭐가 잘못된 걸까? | 부드럽게 갈아지는 훈련 | 조금 작은 날갯짓 | 도단까지 가는 길 | 사랑을 금하는 법은 없다 | 해달가죽 밑에 감춰진 성소 | 우린 누구이고 어디서 왔으며 어디에 속하는가?

- 애꿎은 고난 - 십이지장　**147**

    풀링 제도 | 우리는 실패해도 | 믿음과 미신 사이 | 그리 아니하실지라도 | 봄꽃 같은 소식

- 비우고 또 비우기 - 공장　**166**

    아브라함의 3라운드 복싱 경기 | 참깨 가방과 현지화 된 선교사 | 이제는 돌아와야 하지 않겠나? | 또 다른 비움 | 상실의 축복

- 선교사들의 림프샘, 단기사역자들 - 회장　**187**

    달빛 같은 의사, 커티스 | 먼 길을 힘들지 않게 가는 법 | 땅끝에서 오다 | 이것이 선교다

- 넝마주이 진료소의 기적 - 대장　**206**

    넝마주이 진료소의 시작 | 문을 닫다 | 반전에 반전 | 사망아 네가 쏘는 것이 어디 있느냐 | 내 영혼의 실험실

- 올곧게 처리해야 할 일에 대하여 - 직장　**229**

    깊은 흉터 | 살 수 있는 순서 | 암환자는 돕지 않는다는 원칙 | 제발 결핵이기를 | 살려주세요 | 상처의 복기 | 또 다른 아더를 만난다면

    나오는 글: 나는 창자다　**258**

들어가는 글

위와 장을 통과하며

보통 사람들은 이렇게 말합니다.

"내가 지금 이런 일을 하면서 살 줄은 꿈에도 몰랐어."

저도 마찬가지입니다. 다른 사람들의 위와 장을 내시경으로 들여다보는 일을 직업으로 가질 줄은 몰랐습니다. 어문계열로 진학하고 싶어 그렇게 애를 썼건만, 전능자의 손은 저를 우여곡절을 겪게 하시다가 결국은 의학을 전공하게 하셨습니다. 더구나 지방 소도시의 병원 원장으로 평안하게 살던 저를 사랑하는 아내와 세 아이들과 함께 히말라야 고원지역에 선교사로 나가게 하실 줄은 상상도 못했습니다. 사실 그 나라는 여러 가지 이유로 제가 사역지로 가장 택하고 싶지 않은 지역이었습니다.

　복음 전파가 자유롭지 않은 그곳에서 10년을 살았습니다. 거기서 의과대학 교수로 있으면서 레지던트, 인턴, 학생들을 가르치고 환자들을 치료했습니다. 틈틈이 가난하고 소외된 고산족들과 넝마주이들을 위한 무료 진료소 사역에 동참했습니다. 가정교회에 나가 청년들을 전도하고 성경을 가르쳤습니다. 외국인의 선교활동이 법으로 금지되어 있는 나라였습니다. 때를 얻든 못 얻든 예수님을 전하려고 애를 썼습니다만, 감시와 밀고, 추방의 위험이 뒤따르는 일이라 제한적일 수밖에 없었습니다.

　선교사로 나가서야 비로소 실감하게 된 사실들이 있습니다. 이 지구상에는 예수라는 이름을 들어보지도 못한 사람들이 그렇게 많다는 것과, 예수란 단어조차에도 불같은 적대감을 드러내는 사람들이 또 그렇게 많다는 것입니다. 온 천하에 다니며 만민에게 복음을 전파하라는 예수님의 명령은 지금도 여전히 진행형입니다.

　소화기내과 의사인 저는 그동안 수많은 사람들의 위와 장을 들여다봤습니다. 우리가 매일 먹는 음식은 입을 지나 위와 장이라는 길고, 어둡고, 알 수 없는 곳을 지나갑니다. 해부학적으로 다섯 부분으로 나눌 수 있는 위는 식도와 가까운 분문, 저부, 체부, 전정, 유문을 지나 장으로 들어갑니다. 지금까지 잘 갈아진 음식물은 이제 십이지장, 공장, 회장, 대장, 직장을 차례대로 통과하며 우리 몸에 필요한 영양소를 아낌없이 공급해줍니다. 거의 8미터에 달하는 그 긴 과정은 신묘막측합니다. 어느 한 곳도 필요하지 않은 기관이 없습니다. 무엇보다 우리 몸을 살리기 위해 위와 장이 얼마나 열심히 제 몫의 일을 하는지 모릅니다. 보면 볼수록, 알면 알수록 하나님은 인간을 어떻게 이렇게 완벽하게 창조하셨는지 감탄할 뿐입니다.

예수님을 믿는 순간부터 우리에겐 위험하고, 예측할 수 없고, 드라마틱한 일이 일어나게 됩니다. 마치 꿀떡 삼킨 음식물이 굽이굽이 위와 장의 그 모든 과정을 통과해야 하듯, 예수님의 손에서 사람들은 그런 훈련을 거쳐야 겸손하고 말랑말랑한 배설물과 같은 제자의 모양이 겨우 생기는 건 아닐까요. 창세기에 나오는 아브라함, 이삭, 야곱, 요셉을 하나님께서 갖가지 고난으로 훈련시켜 연약한 인간이었던 그들을 믿음의 조상으로 만드신 것처럼 말입니다. 저 또한 지금 그 과정 어느 곳을 통과 중일 것입니다. 주님의 손에 붙들려 제 할 일을 다하고 배설물로 나온다는 것은 그리스도인이며 선교사인 제겐 더 바랄 수 없는 영광입니다.

겨우 10년의 사역을 책으로 내려니 부끄러운 마음이 앞섭니다. 평생 예수님을 위해 헌신했지만 책은커녕 기록조차 남기지 않은 훌륭한 선교사들도 많습니다. 그럼에도 불구하고 용기를 내서 출판을 하는 이유는, 오늘도 빛도 없이 헌신하는 오지의 선교사들과, 그들을 위해 기도와 물질로 돕는 후원자들, 그리고 앞으로 선교사를 꿈꾸는 젊은 청년들에게 복음이 닿지 못한 어두운 곳에서도 살아 역사하시는 예수님을 증거하면서 서로 격려하고 소망을 나누고 싶은 마음 또한 있기 때문입니다.

예수님의 사랑이 닿는 곳에선 글로 다 쓸 수 없는 기적들이 일어납니다. 그 어떤 장벽도 예수님을 막을 수 없다는 것을 저와 저의 가족은 똑똑히 보았습니다. 지난 선교여정을 돌아보며 정직하게 제 실수와 잘못까지도 참회하며 쓴 이 기록이 반면교사가 되어 주님의 사역에 조금이라도 도움이 되길 진심으로 기도합니다.

아직 그곳에 남아 있는 선교사들과, 제가 생명처럼 사랑하는 현지 가정교회 성도들의 안전을 위해 가명을 쓸 수밖에 없음을 이해해주시기 바랍니다. 원고를 읽고 조언을 아끼지 않은 손창남, 최태희, 최하영, 장미영, 임영국, 일러스트를 그려준 김선영, 그리고 아내에게 감사의 말을 전합니다.

모든 영광을 주님께 돌립니다.

2016년 여름보다 더 뜨거운 예수 그리스도의 심장으로
정성

위 STOMACH 胃

복강 앞부분에 놓여 몇 가지 화학적 소화과정을 수행하며 음식물을 뒤섞어 소장으로 보내는 역할을 한다. 인간의 위벽에는 일부 단백질과 지방을 소화시키는 위샘이 있다. 위는 주기적인 수축운동을 통해 음식물을 암죽으로 만들고, 연동운동으로 이를 소장 쪽으로 밀어낸다.

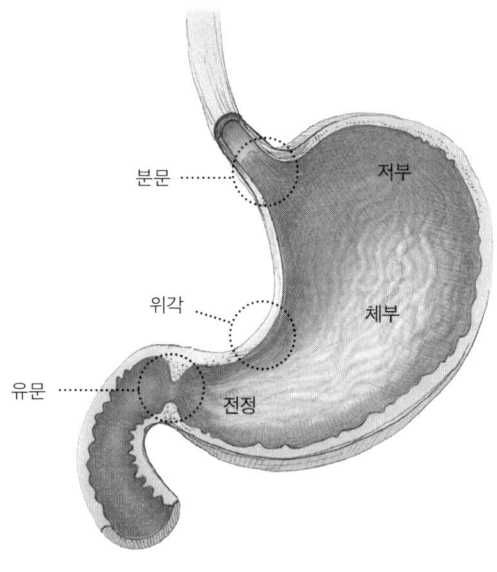

가슴이 뛴다 - 분문

위의 첫 관문인 분문의 유래는 심장이다. 심장이 바로 그 아래에 있기 때문이다. 사람이 감동을 받아 흥분하거나, 두렵거나, 심리적 스트레스가 쌓여 심장이 빠르게 혹은 느리게 뛰면 위장관에 이상이 생겨 구역감이 든다. 분문은 미주신경에 의해 심장과 동일하게 영향을 받는다. 분문은 심장과 같이 뛴다.

이름을 부르다

"아빠는 어떻게 하나님을 믿게 되었어요?"

내 아이 중 하나가 물었다.

"하나님께서 내 이름을 부르셨기 때문이지."

나는 망설임 없이 대답했다.

하나님께서 인간처럼 말씀하신다는 것을 나는 성경의 첫 책 창세기를 읽으면서 처음 알았다.

"하나님이 이르시되……"

이 문장은 창세기 1장 처음부터 반복해서 나왔다.

나는 큰 충격을 받았다. 하나님께서 우주만물을 창조하신 것보다 인간처럼 직접 말씀을 하신다는 것이 큰 의미로 다가왔다.

더 놀라운 것은 하나님께서 피조물인 사람에게 말을 걸기도 하시고, 듣기도 하시고, 마음을 바꾸기도 하신다는 것이다. 죄악이 하늘까지 닿은 소돔과 고모라를 멸하시려는 하나님과 그 성 안에 사는 롯의 가족을 구하려는 아브라함이 나누는 대화를 보면, 하나님께서 일방적으로 명령을 내리기만 하시는 게 아니라 우리의 기도를 듣고 계획을 변경하기도 하신다는 것을 보여준다.

비기독교 가정에서 자란 나는, 신은 사람이 공상으로 만들어냈거나 아니면 아주 먼 우주에서 두려움을 이용해 사람을 조종하는 막연한 존재라고만 생각했다. 그러나 기독교의 신은 나를 천둥 번개나 사고, 질병 등으로 겁박하지 않고 이름으로 불러내어 믿게 하셨다.

하나님을 믿기 전 나도 보통 사람들이 겪는 똑같은 고통을 겪었다.

가족의 죽음, 사고, 대입 실패와 질병 등 쉽지 않은 시간을 보냈지만, 그것으로 인해 억지로 절대자에게 나아간 것은 아니다. 그 상황 안에서 성경을 읽으며 인격적으로 주님을 영접하게 되었다. 하나님께서 내 이름을 부르신다는 것은, 내가 왜, 무엇을 위해 살아야 하는가에 대한 인격적인 변화까지 일으킨다는 사실을 세월이 지나면서 점점 가슴 저미게 깨닫게 되었다.

하나님께서 나를 인격적으로 부르셨기에 나도 환자들과, 동료 의사들, 제자들, 내가 섬기는 공동체의 형제자매를 대할 때 그와 같은 마음을 품게 되었다.

낯선 선교지에서도 마찬가지였다. 그곳에서 만난 사람들에게 꼭 이름을 불러주고 존칭을 붙였다. 이렇게 했을 때, 제자들과 동료 의료진, 환자들과 말로 할 수 없는 어떤 심령의 교감으로 더 가까워지는 것을 체험했다. 나는 인격의 주님이 그리스도를 모르는 사람들에게도 흘러가 그들 역시 가슴 뛰는 생명의 예수님을 만나길 기도했다.

어느 날, 선교지의 병원 당직실에서 강의를 준비하고 있는데 첸 과장이 들어왔다.

"내일 강의할 내용이 무엇입니까?"

첸 과장은 30대 초반에 의학박사가 되었고, 미국 등 여러 서방국가에서 공부를 한 이 나라의 엘리트였다. 그뿐 아니라 정부에 의해 모범적인 10대 조직원으로 뽑혀 신문에 실린 적도 있는 꽤 유명한 전문가였다. 머지않아 대학병원의 병원장이나 정부의 보건복지 계열의 고위간부가 될 가능성이 높았다.

"간 병동의 환자 따쉰싱 씨에 관해 준비 중입니다."

선교지의 대학병원에서 내가 만든 프로그램 중 가장 잘되었던 것은 임상토론회 및 관련 질환 강의였다. 매주 한 번씩 열었는데, 휴가나 행사, 그리고 현지인들에겐 참석이 필수인 정치모임 때마다 강의가 취소되었음에도 불구하고 100회 이상 열린 인기강좌였다. 소화기내과 의사와 간호사는 물론이고 의대 학생들과 다른 과 의사들도 참석했다.

"따쉰싱? 그게 누구지?"

첸 과장은 당직실에 있던 수련의들에게 물었다. 한 수련의가 냉큼 대답했다.

"IPH입니다."

IPH는 원인불명의 문맥압항진증으로 간경변과 비슷한 임상경과를 겪다가 식도출혈 등으로 사망하는 예후가 좋지 않은 질환이다. 그 수련의는 환자를 이름 대신에 병명으로 부른 것이다.

첸 과장이 갸웃하자 다른 수련의가 냉큼 "19번입니다" 했다.

"아, 넘버 나인틴."

과장은 그제야 알았다는 듯 고개를 끄덕였다. 그는 내게 "잘 준비하라"며 격려하듯 등을 두세 번 두드려주고 당직실을 나갔다.

그 병원에선 환자의 이름을 부르지 않았다. 병명이나 번호로 불렀다. 병동 복도에선 늘 간호사들이 외치는 소리가 들렸다.

"5번 보호자 간호사실로."

레지던트는 아침마다 밤사이에 입원한 환자들을 상급의사에게 이렇게 보고했다.

"28번, 남자, 황달로 입원한 간암입니다."

소화기내과 병동의 환자 수는 평균 20-30명 정도였다. 굳이 번호로 부르지 않고 이름을 불러도 될 만한 수였다.

환자를 이렇게 부르는 소리를 들을 때마다 날카로운 포크가 내 기억의 창고를 찔러대는 것 같았다. 차마 번호로 부르진 않았지만, 나도 예전엔 환자들을 하나의 인격체가 아닌 병명이나 여명으로 불렀었다. 레지던트 시절 "이 환자 뭐지?"라고 교수가 물으면 "폐암에 걸린 환자 김명순 씨입니다"가 아닌 "폐암 말기입니다"라고.

한국에서 레지던트로 있을 때였다. 식도출혈로 입원한 한 중년 여자가 있었다. 그분은 B형 간염과 지나친 음주로 인한 간경화 환자였다. 응급실에서 겨우 식도출혈을 지혈하고 중환자실에서 집중관리를 하고 있었다. 그 환자는 회진을 할 때마다 나를 붙들고 말했다.

"선생님, 살고 싶어요."

오래전에 이혼을 했다는데 보호자가 아무도 없었다. 아주머니는 입만 열면 딸이 보고 싶다고 했지만, 딸은 한 번도 오지 않았다.

출혈 여부를 알기 위해 콧줄을 꽂아놓았는데 며칠 동안 지켜봐도 괜찮아 줄을 제거하는 순간 다시 출혈이 시작되었다. 내가 겨우 아문 혈관을 건드린 모양이었다. 지혈에 실패해 환자는 다음 날 사망했다.

나는 그때 심히 괴로웠다. 사랑하는 딸의 얼굴을 한 번이라도 보고 싶어하던 불쌍한 환자가 사망했다는 사실보다 '내 실수'라는 점이 더 참을 수 없다는 게 솔직한 심정이었다.

'말기 간경화……어차피 또 술 마시고 응급실 들락거리다가 돌아가실 텐데.'

나도 모르게 그분을 인간이 아닌 '말기 간경화'라고 부르면서 치졸하게 자기위안을 삼았던 적이 있다.

나중에 나는 그 환자를 하나님의 형상으로 부르지 않고 죄의 결과물인 질병으로 부른 것을 깊이 회개했다. 주님 앞에 무릎을 꿇은 이후로 다시는 내게 찾아오는 환자들을 편견 없이 '하나님의 형상을 가진 존재'로 대하겠다고 기도했다.

나는 이번 기회에 이곳 현지 의료진들도 환자를 번호 대신에 이름으로 부르게 하고 싶어 강의안 마지막에 사진 하나를 만들어 끼워 넣었다.

임상토론회가 시작되었다.

"간경화에 걸린 22세 젊은 남자 DSS씨(임상토론회에서 환자의 이름을 언급하는 것은 부적절한 일이기에 영어 이니셜을 썼다)의 케이스입니다."

나는 환자의 이름에 존칭까지 붙여가며 이 지역에서 유병률이 10퍼센트가 넘는 B형 간염에 의한 간경화를 강의했다. 중간 중간 활발한 토론이 벌어져 강의 분위기는 어느 때보다 활기찼다. 강의 마지막에 나는 준비한 사진을 슬라이드로 올렸다.

> 19 (X)
>
> IPH (X)
>
> DSS (O)
>
> "He calls me by name, not by number.
> I'm not a number but a human."
>
> (그분은 나를 숫자가 아닌 이름으로 부르셨다. 나는 숫자가 아니라 사람이다.)

나는 잠시 숨을 가다듬었다. 영어가 서툰 현지 의사들이 이 뜻이 무엇인지 읽고 이해할 시간을 충분히 주면서 나를 위해 잠시 기도하고 말문을 열었다.

"20대 초 청년 시절에 저는 제가 기대하지 않았던 큰 사랑에 의해 삶의 변화를 체험했습니다. 그 사랑은 저를 병명이나 번호로 부르지 않고 제 이름으로 불렀고, 그로 인해 저는 자유를 얻었습니다."

나의 발언은 아주 위험했다.

임상토론회에 참석한 현지 의사들은 의과대학 부속병원 의사답게 거의 정부조직원 출신들이었다. 정부조직원은 아무나 될 수 있는 게 아니다. 의과대학에 다닐 때부터 성적이 아주 좋은 학생들을 학생주임이 몇 년을 지켜보다가 조직원 가입원서를 준다. 의대생들에게 조직원이 된다는 것은 대학병원이나 정부병원에 취직이 되고, 나중에 병원장이나 관료가 되는 출세의 지름길에 들어서는 것을 의미하여 그들은 이를 아주 영광으로 여긴다.

내가 일하고 있는 대학병원은 1,400명의 의사와 간호사가 근무하는 대형병원이었다. 신이 없다는 무신론이 이 나라의 가장 중요한 정강정책이므로 공식석상에서 종교적인 내용을 언급하면 추방될 수 있었다.

다음 날 아침이었다. 환자 따쉰싱 씨의 주치의가 나를 찾아왔다. 환자의 문맥압을 떨어뜨려 식도출혈을 멈추게 하는 처방에 대해 내게 물어봤다.

"19번, IPH에 관한 일입니까?"

나는 일부러 번호와 병명으로 환자를 불렀다. 그는 몇 초간 침묵하더니 대답했다.

"아닙니다. 따쉰싱 씨에 관한 일입니다."

그의 눈에는 이슬이 맺혀 있었다. 그를 바라보는 내 눈에도 뜨거운 눈물이 차올랐다. 속이 울렁일 만큼 가슴이 뛰었다.

소매치기가 준 첫 급여

'첫'이란 단어는 똑같은 것이 다시는 오지 않는다는 의미가 있다. 첫사랑, 첫 아기, 첫 직장 등등 듣기만 해도 가슴이 뛰는 이 단어는 세월이 지날수록 그 아름다움이 더해진다.

오래전, 인턴이 되어 처음으로 탄 월급은 곤란한 가정형편상 힘들었던 의대생 시절의 궁핍함을 한 번에 잊게 해줄 만큼 가슴 떨린 소득이었다. 첫 월급만큼은 가장 소중한 곳에 쓰고 싶었다. 개인적으로 한국의 그리스도인임이 자랑스러운 이유 중 하나는, 첫 월급을 하나님과 이웃을 위해 사용하고 싶어하는 청년들이 많다는 것이다.

내가 선교지에서 받은 첫 월급이 있다. 병원 재무과로부터가 아니다. 먼지가 자욱한 어느 시골 장터 길거리에서였다.

이 고원지역에 도착한 지 얼마 안 된 어느 여름날이었다. 월셋집을 구하고 언어학교를 다니기 위해 한국 돈으로 만 원쯤 하는 중고 자전거를 하나 구입했다. 자전거는 나 어릴 때 쌀 배달하던 옆집 아저씨 것처럼 매우 투박하지만 튼튼했다. 시장에서 중고가구를 사서 싣고 와도 끄떡도 하지 않을 정도였다.

고원지역에선 자전거를 타는 것도 쉽지 않다. 빨리 달리면 숨이 가쁘고 힘이 든다. 그러나 점점 자전거 타기가 익숙해지자 나는 현지인처럼 빨간색 반바지에, 샌들, 그리고 파란색 모자로 멋을 내고 이 도시의 서쪽 끝까지 한번 가보기로 했다.

한 시간쯤 달려 그곳에 도착하니 눈이 휘둥그레질 정도의 장관이 눈앞에 펼쳐졌다. 끝이 보이지 않는 거대한 시장의 물결이었다. 나는 자전거를 세워놓고 한가하게 장터 구경을 했다. 온갖 희한한 복장을 한 소수민족들과 현지인들이 뒤섞여 흥정을 하느라 시끄러웠다.

'참 이 나라 사람들은 말하는 걸 좋아하는구나.'

가격을 가지고 싸우는 것처럼 목청을 높이다가 마치 밑지는 것처럼 물건을 주는 장사꾼이나, 돈을 더 준 것같이 툴툴대면서도 냉큼 사가는 사람들이 귀엽기까지 했다. 나도 짧은 현지어로 물건 값을 물었다.

"이거 얼마인가요?"

"……?"

도무지 그들이 하는 말을 이해할 수 없었다. 일, 이, 삼, 사조차 알아들을 수가 없었다. 표준어가 아니라 소수민족들이 특이하게 쓰는 이곳 방언이었다. 나중엔 여기 사람들처럼 그냥 인상을 팍 쓰고, "이것" 하면서 옥수수 한 자루를 들었다 놨다 하며 흥정을 했다. 한국 돈 천 원을 주었는데 거스름돈까지 받았다. 우리 집 근처 시장에 비하면 절반 값이었다. 언어학교가 쉬는 날이면 자전거를 몰고 서쪽 시장에 가는 재미가 쏠쏠했다.

어느 날이었다. 그날도 신나게 자전거를 몰고 서쪽 시장에 갔다. 자전거를 세우고 물건을 사고 있는데 내 뒤 호주머니 근처 엉덩이가 시원해진 느낌이 들었다. 뒤를 홱 돌아보았다. 순간 그렇게 시끄럽던 장터가 고요해졌다. 30-40명쯤 되는 장터 사람들이 딱 멈춰 서서 나를 쳐다보고 있었다. 내 뒤에 서 있던 청년은 '무궁화 꽃이 피었습니다' 할 때 술래에게 걸린 사람처럼 뻣뻣하게 굳은 채 서 있었다. 마치 영화의 정지화면 같았다.

'다들 왜 그러지?'

머릿속이 텅 빈 채 나도 청년을 멍하게 쳐다봤다. 작열하는 고원의 태양 빛에 눈이 부셔 째려봤을지도 모르겠다. 아직 여드름이 난 앳된 청년은 순진한 얼굴에 꽤 당황하는 눈치였다. 10초쯤 지났을까? 갑자기 청년이 내게 한국 돈으로 치면 만 원이 약간 넘을 정도의 현지 최고액 지폐 한 장을 건네주었다. 그리고 마치 아무 일도 아니라는 듯이 어리벙벙해하는 내 등을 툭툭 쳐주고는 뒷길로 황급히 사라져갔다. 시장 사람들도 갑자기 요술에서 풀린 것처럼 각자 하던 일로 돌아가 와자지껄 흥정하고, 싸우고, 다시 물건을 팔았다.

정신이 돌아온 나는 뒤 호주머니를 만져보았다. 들어 있던 돈이 없어졌다. 고액권 한 장과 잔돈 얼마를 넣어놨는데.

"아!"

그제야 모든 상황이 이해되었다. 청년이 주고 간 지폐는 내 주머니에서 소매치기한 돈 가운데 가장 액수가 큰 돈 한 장이고, 나머지는 자신의 일당으로 챙겨간 것이었다.

집에 돌아와, 청년이 건네준 반으로 접힌 지폐를 펼쳐 책상에 올려놓고 보니 참 많은 생각이 들었다. 그 청년이 내 돈을 소매치기한 것이 개인의 잘못인지, 아니면 근본적인 사회악인지 난 잘 모른다. 다만 그 허름한 시장통 먼지구덩이와 쓰레기더미 속에서 나름 살아가려고 애쓰는 사람들 모두가 인생의 의미를 찾아가는 구도자들이라는 깨달음이 들었다. 그 구도자들 중 하나인 소매치기 청년은 자기가 번 돈 가운데 가장 소중한 고액권을 내게 되돌려준 것이었다. 예수라는 이름조차 모르는 자기들에게 생명의 하나님을 전해달라고 주님을 대신해서 내게 첫 월급을 준 것이었다.

정식으로 현지 병원에서 주는 첫 월급을 받은 것은 그 후로 7년이 지나서였다. 한 달 집세도 안 될 만큼의 적은 돈이었지만, 외국인 초빙 의사에겐 국가가 정한 월급을 꼭 지급해야 한다면서 병원 재무과에서 빳빳한 현금을 세어 주었다. 그 돈은 시장통에서 받았던 첫 월급만큼 가슴이 뛰지 않았다.

세월이 흘러 우리 가족은 그 시장에서 멀지 않은 곳으로 이사를 했다. 현지인들은 이 시장이 도시 빈민들과 소수민족들이 모이는 곳이라 말도 통하지 않고 치안이 매우 불안해 살인사건도 일어난다며 가지 말라고 말렸지만, 나는 그 시장에서 방언이 섞인 그들의 언어로 자연스럽게 흥정하며 채소를 샀다. 가끔씩 내게 첫 월급을 쥐어준 여드름투성이의 앳된 그 청년이 내 곁을 스쳐지나가는 착각이 들어 뒤돌아보면서.

"주님, 제게 첫 사랑으로 만나주시고 매일 아침 주님을 향한 마음으로 하루를 열게 하심도 감사합니다. 당신을 알지 못하는 시장의 구도자들로부터 첫 월급을 받게 하심을 잊지 않겠습니다. 당신의 피 묻은 십자가를 그들이 들을 수 있을 때까지……알 수 있을 때까지……"

죽음을 각오하겠느냐

1997년 초였다. 같은 내과를 전공한 임영국 선생과 함께 복음내과를 개업했다. 대학 시절부터 같은 선교단체에서 훈련받았던 우리는 한

가지 약속을 했다.

"우리 둘 중 한 사람이 선교사로 나가게 되면 다른 한 사람은 후원을 하자."

하나님은 두 사람 중 나를 선교사로 선택하셨다.

4년 후, 선교사 훈련을 받기 위해 나는 진료를 그만두었다. 2001년 2월 17일, 토요일이었다.

마지막 환자는 나를 믿고 따르던 김 씨 아저씨였다. 진료를 마치고 '이제 다른 의사 선생님이 잘 치료해주실 겁니다'라고 인사를 해야 했는데 입이 안 떨어졌다. 나는 평소처럼 말했다.

"약 떨어진 다음 주에 다시 오십시오."

충격받을 김 씨 아저씨를 생각해서 한 말이었는데, 사실은 내가 더 슬펐기 때문이었다.

다음 날, 인근 시골교회에 의료봉사를 하고 기구를 반납하러 아무도 없는 병원으로 갔다. 나의 분신인 청진기와 가운, 그리고 책 몇 권을 들고 정말 마지막으로 병원 문을 나섰다. 출입구에 보안카드를 집어넣었다.

"개폐가 완료되었습니다. 보안을 시작하겠습니다. 삐삐삐삐……."

출입문이 닫히는 기계음이 들려왔다. 순간 내 마음속에서 어떤 두려움의 경고음이 같이 울리기 시작했다.

'도대체 내가 무엇을 결정한 거지? 이 나이에 선교사로 나가면 이

제 나와 우리 가족은 어떻게 살아가야 하는 거지?'

평생 해온 일이라곤 한국, 그것도 지방의 작은 도시에서 환자들을 진료한 것밖에 없는 내가 어떻게 외국에 나가 선교사가 된단 말인가? 4년 동안 매일 병원 문을 열고 닫았던 보안카드를 들여다보았다. 다시 이 카드로 병원 문을 열 수는 없을 것이다.

주님께서 한 문을 닫으셨으니 이제 다른 문을 열어주실 차례였다.

호주로 선교사 훈련을 받으러 가게 된 것은 선교사 후보자 담당의 제안이었다.

"혹시 외국의 다른 문화를 경험한 적이 있습니까?"

담당자는 나와 내 아내에게 물었다. 사실 우리 부부에겐 외국의 문화는커녕 서울도 굉장히 낯선 곳이었다. 담당자는 선교지에선 현지인 문화뿐만 아니라 서구 문화도 큰 도전이 될 거라며 영어권의 학교를 알아보자고 했다.

나는 세상의 모든 학교들이 3월에 시작하는 줄 알았다. 영국과 캐나다의 선교사 훈련학교에선 9월까지 기다리라는 연락이 왔다. 3월에 맞춰 출국하기 위해 2월에 그만둔 병원에는 벌써 후임이 오기로 되어 있었고, 교회에선 이미 선교사로 나간다고 주보에 광고를 해서 파송예배도 드렸다. "나의 영원하신 기업 생명보다 귀하다" 찬송도 부르고, 담임목사님의 특별축도까지 받았는데, 첫걸음부터 어긋나버리나 싶어 당황했다.

그러나 하나님의 계획은 늘 그렇듯 완벽하시다. 호주의 SMBC(Sydney Missionary & Bible College)에서 3월 첫 주까지 들어오면 받아주겠다는 연락이 왔다. 그러나 이미 2월에 학기가 시작되었기 때문에 결손난 수업은 따로 공부해서 과제물을 제출하고 패스해야 한다는 완곡하고 단호한 경고가 붙었다.

출국 1-2주 전에 온 메일 때문에 등에서 식은땀이 흘렀다. 영어시험을 봐서 호주 대학에 다닐 수준이 되지 않으면 학생비자를 내줄 수 없으며, 지난주에도 한 외국인이 영어시험 성적미달로 불합격했다는 내용이었다.

'큰일났구나. 선교사 나간다고 동네방네 소문 다 났는데, 영어시험 못 봐서 쫓겨오면 어쩌지.'

급히 읍내 유일의 서점으로 달려갔다. 서점 주인은 호주 등 영연방에선 토익도 아니고, 토플도 아닌 아이엘츠(IELTS)라는 발음도 어렵고 나는 생전 듣도 보도 못한 시험을 본다고 일러주었다. 아이엘츠 문제집이 딱 한 권 서점에 비치되어 있었던 것도 하나님의 은혜였다. 비록 석양이 닿는 창가 자리에서 오랫동안 주인을 못 찾아 표지가 하얗게 바랜 책이었지만 말이다.

2001년 2월 28일, 밤 8시 반에 떠나는 비행기를 기다리며 김포공항에 혼자 앉아 있었다. 내가 영어시험에 패스해서 입학허가가 나와야 아내와 아이들의 입국비자가 나오기 때문이었다. 시끄러운 출국장 한구석에서 나는 간절히 기도를 드렸다.

"주님, 내일이면 호주에 도착합니다. 영어시험에 떨어져서 한국에 돌아오면 가족과 교인들 얼굴을 어떻게 봐야 합니까? 시험에 합격하게 해주시고 일체의 선교사 훈련을 받게 해주신다면 더 열심히 주님을 위해 살겠습니다."

야곱이 형 에서를 피해 집을 떠나 도망칠 때, 벧엘에서 하나님을 만나서 했던 기도가 있다.

"야곱이 서원하여 이르되 하나님이 나와 함께 계셔서 내가 가는 이 길에서 나를 지키시고 먹을 떡과 입을 옷을 주시어 내가 평안히 아버지 집으로 돌아가게 하시오면 여호와께서 나의 하나님이 되실 것이요"(창 28:20-22).

나는 선교사가 되려는 첫 관문 앞에서 두려움과 간절함으로 야곱의 초신자 기도를 비로소 드린 것이다.

호주로 가는 비행기는 정시에 이륙했다. 나는 앉자마자 고등학교 영어선생으로 있는 선배가 써준 영문 자기소개서와 간증문을 꺼냈다. A4용지 세 장에 걸쳐 나는 언제 태어났고, 부모는 누구고, 형제자매는 몇 명이고, 언제 어떻게 예수님을 믿었고, 왜 선교사로 가려 하는지가 빼곡히 타이핑되어 있었다. 나는 이 문장들을 열심히 외우고 나서 소중하게 모시고 온 아이엘츠 책을 펼쳤다. 말하기와 듣기는 일단 포기했다. 하룻밤 공부해서 될 일이 아니었다. 읽기는 원서 읽은 실력을 믿어보기로 하고 쓰기 편만 들여다봤다. 좋은 예문들이 많이 있었다. 왜 진즉 이런 공부를 하지 않았는지 후회가 들었다. 시험만 아니었더라면 더 즐겁게 공부를 했을 것이다.

밤 비행기 안, 모두들 불 끄고 잠을 자는데 나 혼자 미친 듯이 빨간 펜으로 밑줄을 긋고 외워댔다. 승무원이 오다가다 무얼 마시겠느냐고 물어왔다. 나는 계속 얼음물만 마시며 공부를 했다.

아침 일곱 시, 곧 시드니공항에 도착한다는 기장의 안내방송이 나왔다. 밤을 꼬박 새웠다. 의대 다닐 때도 해본 적 없는 밤샘공부를 호주행 비행기 안에서 생전 처음으로 했다.

큰 이민가방 두 개와 목에 어긋나게 맨 두 개의 가방, 허리에 찬 가방, 그리고 어깨에 멘 노트북 가방까지 모두 여섯 개의 가방으로 무장한 나는 공항검색대에서 아내가 싸준 김치와 멸치볶음을 빼앗기지 않으려고 세관 직원과 실랑이까지 했다. 말은 안 통했지만, 결사적으로 막아 두 가지 밑반찬을 지켜냈다.

출국장 문을 나서자 내 이름이 적힌 피켓을 든 선교사 후보자 담당인 이안과 데비 부부가 딱 서 있었다. 가슴이 철렁했다. 비행기를 타기 전, 나는 그분들이 제발 일이 생겨 공항에 마중 나오지 말기를 바라는 괴상한 기도까지 드렸다. 그만큼 영어에 공포가 있었다.

찬란한 햇빛에 반사된 대양주의 영국풍 집들이 아름다웠는지 어 땠는지 생각도 나지 않는다. 학교까지 가는 한 시간 동안 이안과 데비 부부가 하는 말을 알아들으려고 온갖 신경을 곤두세웠지만 결과적으로는 거의 알아듣지 못했다.

학교에 도착해 나를 지도해줄 틸레만스 교수님을 만났다. 점심식사를 같이한 교수님은 그 사이에 내 영어 실력을 알아차리셨는지 정말 천천히 또박또박 내게 물으셨다.

"죽을 각오를 하고 시험을 보겠습니까?"

순간 아브라함이 나이 80세에 죽음을 각오하고 하나님께서 지시하신 땅으로 떠나는 모습이 떠올랐다. 아브라함의 시대는 역사상 전쟁으로 인한 사상자가 가장 많았던 청동기 시대에서 철기 시대로 넘어가는 시점이었다. 자기를 보호해줄 부족을 떠난다는 것은 곧 죽음을 의미했다. 나는 틸레만스 교수님이 오늘 호주에 도착한 나에게, 당장 하나님만 믿고 죽음의 길로 떠날 수 있느냐는 질문을 신학적이고 철학적으로 하신 것으로 생각했다. C. S. 루이스는 말했다. "죽음이 찾아오기 전에 죽어라. 죽은 뒤에는 변화도 없다."

내가 왜 이곳에 왔는가? 나는 주님 앞에서 좀 더 죽는 삶이 필요했다. 망설일 게 없었다. 나는 에스더처럼 죽으면 죽으리라, 하면서 대답했다.

"네, 그렇게 하겠습니다."

시험은 합격했다. 그 과정을 다 글로 쓰려면 다시 책 한 권이 필요할 것이다. 그날 밤 기숙사에서 수신자 부담으로 아내에게 전화를 했다.

"여보……아이들과……비행기 표를 사요."

아내가 전화를 받을 때까지 통신사에서 흘러나온 음악은 캐리와 론이 부른 "나는 당신께 빚진 자"(I Owe You)였다. 음악을 들으면서 처음으로 내가 빚지고 살았던 수많은 사람들, 어머니, 아내, 세 아이들, 목사님들, 복음내과와 좋은약국 식구들, 그리고 대학 시절부터 함께했던 동역자들이 생각났다. 그때는 몰랐지만, 하나님은 또 다른 달콤한 빚들을 예비하고 계셨다. 성경학교, 소속 선교단체 동역자들, 근처 교회의 친구들, 히말라야 고원에서 만난 사랑하는 형제와 자매들이다. 이후로 그 노래는 우리 부부가 가장 좋아하는 곡이자 결혼기념일에 아이들이 불러주는 노래가 되었다.

나중에 교수님과 얘기하면서 알게 되었지만, 그날 틸레만스 교수님의 질문은 "죽을 각오를 하고 시험을 보겠습니까?"가 아니었다. 그저 "오늘 시험 보겠습니까?"였다. 오늘이란 뜻의 '투데이'(today)를 호주에선 '투다이'(to die)라고 발음한다.

세월이 흘러 그 질문을 받은 지 수년의 시간이 흘렀다. 거칠고 아름답고 황량한 아시아 고원에서 선교사역을 하며 나는 내가 해결할 수 없는 수많은 어려움들에 부딪쳤다. 그때마다 주님은 호주에 도착한 첫날 내가 잘못 알아들었던 그 질문, "죽을 각오를 하고 시험을 보겠습니까?" 대신 이렇게 물어보신다.

"죽을 각오를 하고 내 명령에 순종할 수 있겠니?"

내 대답은 여일하다.

"네, 그렇게 하겠습니다."

주님의 십자가 사랑은 내가 언제까지나 갚아야 할 가장 의미 있는 빚임을 나는 알고 있다.

천천히 합시다

월드컵 4강 진출로 온 나라가 들썩거린 2002년 여름, 우리 가족 다섯은 국내외 1년 반의 훈련을 끝내고 싱가포르와 홍콩을 거쳐 첫 선교지인 아름다운 고원도시에 도착했다. 한라산 높이의 고도 위에 이처럼 평평한 도시가 있다는 놀라움도 잠시, 현지어를 배우는 전쟁에 돌입했다. 신임 선교사를 관리하는 선교회 리더는 40대 초반의 호주 출신 앨런이었다.

"자, 천천히 합시다."

그는 이 말이 입에 배어 있었다. 앨런 선교사는 언어보다 먼저 이 나라 문화를 겸손하게 배우는 데 시간을 들이라고 했다. 어디 있든지 성급하게, 화끈하게 일을 해치워야 하는 한국인의 성미에는 답답한 충고였다. 하지만 앨런 선교사의 이 말은 지금도 나의 선교관에 피가 되고 살이 되고 있다.

아프리카 추장같이 생긴 라이언 선교사는 내가 선교지에 적응하는 데 큰 도움을 주었다. '사자'라는 이름과는 달리 정말 친절하고 다정했다. 이곳은 교통질서를 잘 지키지 않았다. 길을 건널 땐 역주행하는 차를 조심해야 한다며 라이언 선교사는 아무데서나 돌진해오는 삼륜차를 온몸으로 막으며 나를 보호해주었다. 은행에 가서 통장을 만들고, 위조지폐를 감별하는 법과 시장에서 바가지를 쓰지 않는 요령을 가르쳐주었다. 이런 것들은 언어를 배우는 것에 비하면 유쾌할 정도였다. 아래턱을 틀어서 내는 현지어 발음을 배울 때면 오징어를 오래 씹어 턱관절이 아픈 것 같은 통증이 왔다.

무엇보다 힘이 들었던 것은 아무것도 모르는 어린아이가 된 것 같은 무력감이었다.

월셋집에 교체한 지 얼마 안 된 온수보일러가 펑 하는 굉음과 함께 폭발한 적이 있었다. 그것도 두 번씩이나. 근처에 싱크대가 있는데 평소처럼 아내가 설거지를 하고 있었더라면 큰일을 당할 뻔했다. 얼마나 놀랐는지 지금도 그 생각을 하면 가슴이 벌렁벌렁 뛴다. 보일러가게 주인을 불러 항의를 하려 해도 언어가 되질 않으니 아무 말도 못하고,

오히려 우리가 잘못 사용한 것처럼 몰려도 대꾸조차 할 수 없었다.

　이곳에 온 지 얼마 안 된 어느 날, 일곱 살 난 우리 아들 모세가 자전거를 타고 가다가 동네 아주머니와 부딪쳤다. 아주머니는 우리가 외국인인 줄 알고 나자 갑자기 악을 쓰기 시작했다. 많이 다쳐서 대학병원 응급실에 가겠으니 그 비용을 내라고. 주변에 수많은 현지인들이 몰려드는데 말을 못하는 나는 할 수 없이 요구하는 돈을 다 줄 수밖에 없었다. 선배 한국인 선교사가 나서서 도와주었기에 일이 그 정도로 마무리 되었지, 그렇지 않았으면 큰 봉변을 당할 뻔했다. 그때 우리를 둘러싸고 있던 현지인들의 냉랭한 듯 무심한 얼굴이 오래 마음에 남아 나를 괴롭히기도 했다.

　언어학교 선생님들은 참 좋으신 분들이었고, 현지어를 배우려는 나의 노력에 격려도 아끼지 않았지만 간단한 말도 못 알아듣는 나를 마치 유치원생처럼 대했다. 1, 2년이 지나도 택시기사에게 목적지를 말하면 못 알아들었는지 엉뚱한 곳으로 데려갈 때, 말을 못하는 나 스스로에게 화가 났다.

　'내가 무엇 하러 여기까지 왔나? 병원도 그만두고 선교사로 왔는데 전도는커녕 의사 일도 못하고 일상적인 말도 제대로 못하니.'

　나는 조급했다.

　선교본부에서 언어 담당자가 왔다. 마음씨가 좋아 보이는 영국 할

아버지 데이비드는 이 나라의 다른 도시에서 30년을 지낸 선교사였다. 그는 나에게 앞으로 무엇을 하고 싶은지 물었다. 나는 간단하게 대답했다.

"우선 환자를 진료하고, 대학생들에게 성경을 가르치고 싶습니다."

데이비드는 내 말을 듣고 한참 고민을 했다. 그는 내가 하고 싶은 일을 이 나라에서 할 만큼 언어를 훈련하려면 첫 2년은 일상회화 등 문화를 배우면서 언어를 공부하고, 그 다음 2년은 현지어로 성경 읽기와 말씀 전하기를 배우고, 마지막 의학용어 배우기는 위의 진행 과정을 보고 결정하게 될 거라고 했다. 그는 이것은 매우 긴 과정이 될 것이기 때문에 추천하고 싶지 않다고 했다.

데이비드 선교사는 의사로서 진료와 강의를 하려면 현지 의대에 들어가 기초부터 의학용어를 다시 배워야 하고, 교회 개척이나 성경 공부를 전문적으로 하려면 현지 목회자들에게 성경용어를 배워야 한다고 했다. 두 가지 다 잘하기는 어렵기 때문에 둘 중 하나를 선택해서 집중하라고 했다. 결국 오랜 시간 언어만 배워야 한다는 말이었다. 철저하고 전문적인 조언이었다. 하지만 첫 선교지에 도착한 야망에 가득 찬 신임 선교사에겐 퍽이나 낙심되는 충고였다.

언어공부에만 매진하면서 가끔 내 책상에 놓인 청진기를 들어봤다. 묵직했다. 오랫동안 만져보지 못해서 그런지 더 무겁게 느껴졌다.

의사생활을 마감해야 할 것 같은 두려움이 들었다. 이 나라에서 외국인은 의료면허를 쉽게 발급받을 수가 없다. 나는 청진기를 들어 괜히 내 가슴에 올려놓고 박동소리를 들어봤다. 여전히 힘차게 뛰고 있었다. 청진기로 들을 수 없는, 예수님을 전하고 싶은 내 안의 열망은 더 세차게 뛰고 있었을 것이다.

언어훈련 1년 반이 지나 담당자 앞에서 시험을 치렀다. 담당자는 계속 언어학교에 다니되 일주일에 두 번 정도 성경용어를 배우라고 가정교회 지도자를 보내주었다.

그 후 2년 간 총 세 명을 만나 성경용어를 배웠다. 그중 중졸 학력의 한 분은 아주 고전적인 가정교회를 이끄는 훌륭한 목사님이었다. 표준어 발음은 아니었지만 그분에게 영성을 배울 수 있었다. 다른 한 분은 대학을 졸업하고 지성인들이 다니는 교회에 출석하는 분으로 전형적인 직장인이었다. 이분은 시간이 없어 내가 저녁 때 매연이 가득한 거리를 한 시간 이상 자전거를 타고 가서 만나야 했다. 나머지 한 분은 고졸 학력에 비정규 수업으로 지하신학교를 졸업하고 대학생교회를 이끄는 분이었다. 이분과는 지금도 교제가 계속되고 있다. 나를 형이라고 부르는 이분에게 나는 현지인을 실제로 전도하고 목양하는 일에 많은 영향을 받았다. 성직 개념이 없는 이 나라에서 하나님의 종은 어떻게 살아야 하는지를 나는 두 분 목회자로부터 직접 눈으로 보고 몸으로 배웠다.

언어를 배우는 수년의 시간은 사랑하는 라헬을 얻기 위해 7년, 아니 14년을 수일처럼 여겼던 야곱의 마음이었다. 의사도, 선교사도 아니고 유치원생 취급을 받았을망정 이 땅을 사랑하는 주님의 마음을 연약함 가운데 더 배울 수 있었던 귀한 시간이었다.

선교식육점

내가 언제부터 선교사역의 꿈을 가지게 되었는지는 뚜렷하지 않다. 다만 대학 시절, 이성적으로 설명할 수 없는 한 장면만이 선명하게 마음에 남아 있다.

예수 그리스도를 나의 주님으로 영접한 지 얼마 되지 않았던 대학 신입생 시절이었다. 하굣길이면 늘 내 마음을 설레게 하는 것이 있었으니 그것은 어떤 식육점이었다. 학교 앞 좁은 길, 철로변 오른쪽에 있는 허름한 식육점이 내 가슴을 설레게 한 이유는 다름 아닌 그 가게의 이름이었다.

"선교식육점"

붉은 전등 아래 더 붉은 핏물이 밴 소고기와 돼지고기가 갈고리에 끼여 주렁주렁 달려 있는 곳, 식육점은 요즘 말로 하면 정육점이다. 그곳 옛 지명이 선교였거나 아니면 오래전에 배가 드나들어 다리(橋)가 있던 자리라 그런 이름을 붙였을 것이다.

　학교에서 집으로 돌아가는 버스를 타면 나는 항상 오른쪽 뒤편에 자리를 잡았다. 대학교 후문에서 식육점 근처까지는 약 500미터쯤 되었다. 버스가 그곳을 통과할 때쯤 내 머리는 자연스럽게 식육점이 보이는 방향으로 돌아갔다. 선교식육점 앞을 지나치는 시간은 잠깐이었다. 그 허름한 식육점을 지나고 나면 나는 눈을 감고 그 의미를 생각하면서 집으로 오곤 했다.

　나의 대학 시절은 질병과의 싸움이었다. 몸이 아픈 것을 안 건 1학년 2학기 10월이었다. 갑작스레 찾아온 질병으로 인생을 새로 생각하게 되었다. 학업을 계속할 수 없이 악화되는 병으로 입원과 퇴원을 반복하고, 의사는 내 앞날이 희망적이지 않다는 판단을 내렸다. 그렇게 전개된 스무 살의 삶은 무슨 이유에선지 나를 자꾸만 선교식육점으로 눈이 가게 했다. 육체는 병이 들어 앞날을 기약할 수 없는데, 선교란 단어만 보면 이상하게 가슴이 뛰었다.

　고교 시절, 나는 문과를 지망했다. 색다른 언어를 공부해서 외국에 나가 살고 싶었다. 재수 시절 나는 성경공부를 하면서 주님을 영접했다. 그리고 어릴 적부터 슈바이처의 자서전을 읽어주시던, 이미 고인이 되신 아버지의 권유가 생각나서 의대로 진학하게 되었다. 그러나 막상 몸에 병이 들고보니 의대를 선택한 나의 판단에 의심이 들었다. 주님의 일을 하고 싶었는데, 깊은 성찰 없이 학과를 정한 것은 아닌가 하여 후회했다. 물리나 화학 등 의대 공부가 점점 싫어졌다. 대신 시나 소설을 읽었다.

본과에 진학하기 한 학기 전, 병세는 악화되었다. 나는 별다른 소망도 없이 기도원에 들어갔다. 3개월을 기도하며 의대를 그만두겠다는 결심을 했다. 주님이 나를 사명자로 부르셨다면 그 길고 긴 의대 공부에 시간을 허비하느니 신학을 하고 직접 사역에 뛰어드는 편이 옳을 것 같았다. 어머니께 말씀을 드렸다. 어머니는 늘 그렇듯이 변화무쌍한 아들의 결정에 묵묵히 동의해주셨다. '무조건 믿어주는 것', 이것이 아홉 자녀들을 길러내신 우리 어머니의 지혜였다.

그러나 하나님은 당신의 방식대로 우리의 인생을 이끌어가신다. 기도원을 나오기 얼마 전, 나는 어느 동역자의 편지를 받았다. 하나님께서 당신을 의대로 보내신 뜻을 다시 한 번 묵상해보고 결정하라는 권유였다. 고민 끝에 나는 다시 학교로 돌아왔다. 지도교수님께 드릴 자퇴서를 안주머니에 넣은 채였다. 본과가 시작되기까진 아직 시간이 있었지만, 자신도 없고 의대 공부가 재미있지도 않았다. 다만 나를 위해 기도해주고 사랑하는 선교단체 형제자매들의 진심 어린 충고가 마음에 걸릴 뿐이었다.

그즈음 어느 날, 내 눈을 사로잡은 것이 '선교식육점'이었다. 아마 오래전부터 그 가게는 거기에 있었을 것이다. 여느 사람들처럼 나도 무심코 지나치는 가게였을 뿐. 사실 그 간판은 길가에서 잘 보이지 않았다. 앞 건물에 가려 있고, 골목이 시작되는 곳에 비스듬히 걸려 있었기 때문이다. 그런데 버스 안에서 그 간판, '선교'를 읽는 순간 눈물이 흘렀다. 몇 정거장을 지나도록 그 눈물은 그칠 줄 몰랐다.

 지금까지도 나는 그 눈물의 의미를 확신하지 못한다. 몸이 아파서였을까? 스무 살 인생에 닥친 시련이 너무 막막해서였을까? 기억나는 건 '선교'란 단어를 본 순간 그냥 울음이 터졌다는 것이다.

 그날의 눈물이 위력을 발휘했나보다. 나는 의대 본과에 진학했다.

 분주한 본과 시절을 지내며 건강이 많이 좋아졌다. 주님의 인애하심 덕분이었다. 수련의를 마치고 전문의와 종합병원의 과장을 지나 병원을 개업했다. 어느 순간, 나는 그 선교식육점을 잊어버렸다.

 오랜만에 친구를 만나러 대학가의 그 길을 지나게 되었다. 언뜻 나를 울게 했던 식육점이 생각났다. 옛날 가난한 사람들이 살던 초라한 골목도, 선교식육점도 모두 사라지고 없었다. 이제는 변화한 캠퍼스촌이 되어 현란한 불빛과 술집 간판들, 술에 취해 비틀거리고 토하는 학생들이 거리를 메우고 있었다. 선교식육점은 없어졌으나 이제 정말 예수님의 선교가 필요한 곳이 되어 있었다. 젊은 대학생들이 자기 인생의 의미를 몰라 갈지자로 헤매는 대학가. 그 밤거리에 우리를 위해 식육점의 고기처럼 도살장으로 끌려가신 어린양의 모습이 겹쳐 보였

이른 아침, 학교와 병원 가는 길에 소고기, 돼지고기, 양고기 등을 싣고 도살장에서 식육점으로 가는 오토바이와 자전거들을 만난다. 나는 문득 선교식육점 앞을 지나는 버스 안의 스무 살 대학생으로 돌아간다.

다. 그리스도는 여전히 선교의 현장에 머물고 계셨다.

세월이 흐른 후, 나는 선교사가 되어 주님이 사랑하는 영혼들의 고향인 이 고원지역으로 왔다. 10여 년간 입어왔던 흰 가운과 청진기, 이 두 친구는 나와 함께 한국을 떠나 내가 글을 쓰는 책상 건너편 옷장 안에서 얌전하게 나를 기다리고 있다. 이곳에선 다른 새로운 두 친구, 나의 에바브로디도인 자전거와 언어를 배우는 책들이 가득 든 가방이 함께하고 있다.

이른 아침, 학교와 병원 가는 길에 소고기, 돼지고기, 양고기 등을 싣고 도살장에서 식육점으로 가는 오토바이와 자전거들을 만난다.

빨간 신호등 앞에서 내 자전거가 그들 옆에 멈춰 선다. 육고기의 비릿한 피 냄새가 코를 찌른다. 나는 문득 선교식육점 앞을 지나는 버스 안의 스무 살 대학생으로 돌아간다.

아, 그 눈물이었을까? 죄인 괴수 나를 위해 피 흘리시며, 그분을 피해 진리의 대척점으로 달아나버린 한 영혼을 불쌍히 여기신 주님. 그 고귀한 살과 피를 내게 주시며 병든 불쌍한 청년의 영혼에 인생의 의미를 가르쳐주신 주님은, 신앙의 자유를 제한하는 이 나라의 분주한 아침 출근길에 만나는 수많은 영혼들 사이에서 당신을 먹어야만 살 수 있음을 가르쳐주신다.

초록불로 바뀐 신호등을 따라 고기를 싣고 가는 오토바이 뒤에서 힘차게 자전거 페달을 밟는다. 다시 내 눈엔 눈물이 흘렀다. 따뜻했다.

내가 왜 그 식육점 앞에서 울어야만 했는지 그 이유를 비로소 깨닫는다.

"예수께서 이르시되 내가 진실로 진실로 너희에게 이르노니 인자의 살을 먹지 아니하고 인자의 피를 마시지 아니하면 너희 속에 생명이 없느니라"(요 6:53).

인생의 허기를 느끼다 - 저부

분문 다음 위의 가장 깊숙한 부분을 저부라고 부른다. 저부는 해부학적으로 위에서 약간 떨어진 맹관(盲管)의 형태를 취하고 있다. 막다른 골목처럼 생긴 이곳에선 배고픔을 느끼는 그렐린이란 호르몬이 분비된다. 최근 발달된 비만수술은 배고픔이란 감각을 없애기 위해 저부를 잘라 없애거나 내시경으로 저부의 공간을 줄여 음식물 섭취를 제한하여 체중을 감소시킨다. 먹을 것이 없어 결핵이 창궐하는 선교지에서 이런 수술은 참 낯설게 느껴진다.

벼룩투성이의 천사

나와 함께 사역했던 선교사 파비앙의 이야기다. 그는 백인이었지만, 현지 산골에서 사는 사람들과 똑같은 삶을 살고 있다. 추운 겨울날이었다. 저녁식사를 마치고 창밖을 내다보던 파비앙 선교사는 길가에 앉아 있는 남루한 차림의 한 처녀와 눈이 마주쳤다. 그는 창문을 열고 현지어로 인사를 건넸다.

"안녕하세요?"

"……"

처녀는 어딘지 정신이 나간 사람처럼 보였다. 히말라야 산골의 밤은 일찍 찾아온다. 어둠 속으로 곧 편서풍의 칼바람이 휘몰아칠 텐데 처녀는 갈 곳이 없어 보였다. 파비앙 선교사는 서둘러 계단을 내려가 처녀를 데리고 집으로 들어왔다.

"여보, 하나님이 우리 집에 천사를 보내 주셨어요."

파비앙은 아내와 아이들에게 처녀를 소개했다. 아브라함도 나그네를 대접했고, 병원이나 호스피스의 어원도 낯선 사람에게 친근하게 대한다는 뜻을 가지고 있으니 그리스도인이 나그네에게 천사를 대하듯 친절을 베푸는 것은 새삼스런 일이 아니다.

배고파하는 처녀를 위해 저녁밥을 급히 지어 먹이고 나서 보니, 천사는 언제 씻었는지 모를 정도로 더러웠다. 잠자리에 들기 전, 파비앙 선교사의 아내는 따뜻한 물을 떠다가 처녀의 머리부터 감기기 시작했다.

그때였다. 선교사의 낡은 바깥문이 쾅 소리를 내며 열렸다. 옆집에 사는 남자가 문을 박차고 들어와 소리를 질러댔다.

"예수쟁이들……이 미친놈들아……"

술 냄새가 풍겼다. 이곳 정부의 하급공무원인 그는 애국심이 대단했다. 자신의 나라는 원래 좋은 나라인데 기독교 국가들이 전쟁을 일으키고 강제로 점령해서 나빠졌다며 술만 마시면 애꿎은 선교사 집을 쳐들어와 고래고래 소리를 지르고 행패를 부렸다.

그날 밤도 한바탕 기독교를 혐오하는 욕을 퍼부을 참이었는데, 웬 거지처녀의 머리를 감기고 있는 선교사의 아내가 눈에 띈 것이다. 그는 눈을 부라리며 물었다.

"누구냐?"

선교사의 아내가 웃으며 대답했다.

"우리 집에 온 천사입니다."

선교사 아내의 손등과 팔목으로 처녀의 머릿속에 있던 이와 벼룩들이 새까맣게 올라오고 있었다. 순간 술이 깬 듯 그 공무원은 뒷걸음치며 집 밖으로 나갔다. 그날 이후로, 그는 술에 취해도 파비앙 선교사의 집에 다시는 행패를 부리러 오지 않는다.

다음 날 아침 깨어난 처녀는 무얼 물어봐도 무표정하거나 가끔 헤죽헤죽 웃을 뿐이었다. 집이 어디냐고 물어도 먼 산만 가리켰다. 벼룩은 많아도 옷이 그다지 더럽지 않은 것을 보면 집을 나온 지는 오래되지 않은 것 같았다.

파비앙 선교사는 처녀를 데리고 장터에 나가서 혹시나 아는 사람이 있는지 물어봤다. 아무도 아는 사람이 없었다. 지나가던 한 장사꾼이 히말라야 산 중턱 어느 마을의 처녀인 것 같다며 그곳에 가보라고 했다.

다음 날 이른 아침 파비앙 선교사는 처녀와 함께 길을 나섰다. 처녀는 그 마을이 가까워질수록 익숙하게 앞장서서 걸어갔다. 마침내 마을 안으로 들어가자 동네 사람들이 환호성을 지르며 달려왔다. 처녀는 이 마을에 사는 량 씨네 실성한 큰딸이라고 했다. 두 주 전부터 딸이 없어져 아버지가 이곳저곳 애타게 찾고 있었다고 한다.

파비앙 선교사는 량 씨네 가족이 사는 움막까지 처녀를 데려다주었다. 처녀의 아버지는 눈물을 흘리며 고마워했다. 움막에는 처녀의 아버지와 세 명의 어린 남동생이 살고 있었다. 겨울인데도 온기 하나 없는 집안에서 처녀의 아버지는 쉴 새 없이 기침을 했다. 량 씨는 파비앙 선교사가 보기에도 심각할 정도로 피골이 상접한 상태였다. 어둑한 방안에는 동생들이 기운 없이 앉아 있었다. 누워 있는 막내는 갓난아기였다.

막다른 골목에서

전기도 전화도 없고, 겨울 해가 일찍 떨어지는 히말라야 중턱이라 파비앙 선교사는 서둘러 마을을 내려와야 하는데 량 씨네 가족의 상태가 그의 마음을 붙들고 놓지 않았다.

사연을 들어보니, 량 씨는 예수님을 믿는 사람이었다. 그러나 지난해 큰 불행들이 걷잡을 수 없이 이 집안에 밀려들었다. 건강하던 큰아들이 갑자기 사고로 죽고, 큰딸인 처녀는 뺑소니차에 머리를 심하게 다친 후 정상으로 돌아오지 못했다고 한다. 머리에 큰 손상을 입은 후 치매와 같은 인지장애, 혹은 정서적 장애를 일으키는 기질적 뇌증후군이란 진단을 받았으나 돈이 없어 치료를 받을 수 없었다. 설상가상으로 막내를 낳은 아내는 자식들의 죽음과 사고에 충격을 받아 시름시름 앓다가 지난여름에 죽고 말았다.

량 씨는 성경에 나오는 욥처럼 하나님을 원망하지 않고 아이들을 먹여 살리려고 열심히 일을 했다. 하지만 언젠가부터 기침이 그치지 않고 자고 나면 식은땀으로 이불이 흥건하게 젖었다. 밭에서 일하다가 자기도 모르게 졸도를 하고, 피를 토하기도 했다. 거기에 큰딸마저 행방불명이 되었으니 량 씨의 고난은 끝이 없어 보였다. 량 씨가 자리에 눕자 식량도 떨어지고, 움막에는 불도 피울 수 없었다. 이웃들도 가난한 사람들이라 도움을 줄 수 없었다. 아무것도 할 수 없는 량 씨는 하나님께 기도로 매달릴 수밖에 없었다.

"주 예수님, 감사합니다. 지금까지 저는 주님께 원망을 한 적이 한 번도 없습니다. 하지만 이제 저는 아내와 큰아들이 있는 당신의 집, 천국으로 가야 할 것 같습니다. 남은 아이들과 거리를 헤매고 다닐 큰딸아이는 어떻게 하나요?"

그때 량 씨는 마을 사람들의 왁자지껄하는 소리를 들었다. 그리고 어두컴컴한 움막의 문이 열리면서 환한 빛 가운데 선교사와 큰딸아이가 서 있는 것을 보았다. 막다른 골목에서 피할 길을 열어주신 하나님이 량 씨의 기도를 들으신 것이다.

파비앙 선교사는 창백한 낯빛에 기침, 각혈, 앙상한 광대뼈, 45킬로그램도 안 되어 보이는 량 씨가 결핵에 걸렸음을 알았다. 심한 영양실조로 눈이 퀭한 아이들 역시 결핵에 걸렸을 확률이 높았다. 영양실조는 결핵으로 이끄는 지름길이었다. 열 살도 되지 않은 아이들은 결핵에 더욱 취약했다. 선교사는 가지고 간 며칠 분의 식량을 량 씨에게 주며 신신당부했다.

"절대로 밭에 나가 일을 하지 마십시오. 우선 이것을 먹고 집에서 쉬십시오. 곧 내가 여러분을 위해 필요한 것들을 가지고 오겠습니다."

집으로 돌아온 파비앙 선교사는 의료진의 조언을 받아 결핵 응급 처치법에 따른 긴급물품을 준비했다. 결핵 진단이 어려운 히말라야 산골 오지에선 결핵 치료규약을 만들어 1차 진료자가 우선 투여하고 나중에 엑스레이를 찍고 피 검사를 한다. 물론 순회 의료선교사들이 이를 감독한다. 파비앙 선교사는 결핵약과 전지분유, 옥수수가루, 비타민제 등을 가지고 그 마을로 다시 올라갔다. 단백질을 섭취하기 어려운 곳에선 전지분유가 요긴했다.

천사 처녀가 집으로 돌아간 지 1년이 지났다. 아버지 량 씨는 결핵에서 벗어나 다시 농사를 지을 정도로 회복되었다. 정신이 온전하지 못했던 큰딸은 현지 교회공동체의 돌봄을 받으며 점차 정상을 되찾았다. 피골이 상접했던 세 사내아이들도 볼살이 통통하게 올라 활기차게 뛰어다니게 되었다. 지난 2년 동안 량 씨 집안에 닥친 말할 수 없는 고난을 마을 사람들은 모두 지켜봤다. 아내와 자녀를 잃고 피까지 토하고 쓰러지면서도 하나님을 원망하지 않고 기도하던 량 씨가 건강하게 된 것은 누가 봐도 기적이었다.

그러나 량 씨에게는 또 다른 시험이 기다리고 있었다. 그들을 가족처럼 돌봐주던 파비앙 선교사가 이곳을 떠나 다른 임지로 가게 된 것이다. 마을 사람들은 선교사가 떠나면 그들 가족은 다시 굶주려 죽을 것이라고 걱정하며 량 씨에게 파비앙을 붙잡으라고 충고했다. 량 씨는 그들 앞에서 이렇게 말했다.

"우린 모두 하나님의 손에 붙들려 그분의 시간에 맞추어 살고 있습니다. 주님은 우리가 머물 때와 떠날 때를 잘 아십니다. 파비앙 선교사님, 당신에게 감사드립니다. 잃어버렸던 우리 딸의 얼굴을 다시 보는 순간 나의 기도를 예수님이 듣고 계심을 알았습니다. 당신이 없었다면 나는 이미 세상을 떠났을 테고, 내 아이들도 굶어 죽었거나 고아가 되어 죽음보다 더한 고통 중에 있었을 것입니다. 하나님은 당신을 보내어 저와 우리 아이들을 살려주시고, 여기 마을 사람들에게 주님의 이름을 드러나게 하셨습니다. 그러나 파비앙 선교사가 여기에 오지 않았을지라도 하나님께선 우리 가족을 당신의 방법대로 구원하셨을 테고, 설령 그렇게 하지 않았을지라도 나는 하나님의 신실하심을 믿고 찬양했을 것입니다. 하나님은 진정한 공급자시니 우리 가족을 버리지 않으실 줄 믿습니다. 그러니 파비앙 선교사님, 아무 걱정 말고 잘 가십시오. 가서 복음을 듣지 못한 사람들에게 예수님을 전하십시오. 당신을 축복합니다. 저도 당신이 가는 빛의 길로 나아가겠습니다. 당신을 사랑합니다. 아멘!"

히말라야 산골 가난한 농부의 입에서 나온 살아 있는 간증이었다. 위의 저부나 여성의 자궁이 막다른 골목 같으나 무한한 혈관이 뻗어 있어 영양소를 공급받고, 거기서 새 생명인 태아가 자라듯 인간에게 닥칠 수 있는 가장 고통스러운 순간에도 량 씨는 자신이 하나님의 신비 안에 보호받고 있음을 믿고 고백한 것이다.

파비앙 선교사는 다른 지역으로 갔다. 그는 참으로 훌륭한 선교사였다. 가난하고 병든 자들을 헌신적으로 돕지만, 언제든지 자신이 떠날 수 있음을 알고 그들에게 돈을 지원하기보다는 경제적으로 독립하게 했다. 그 훈련과정은 눈물겨울 때도 있었다.

독특한 종류의 간염을 앓고 있는 어떤 환자가 있었다. 그가 복용해야 할 약은 대단히 비쌌다. 파비앙 선교사는 그에게 말했다.

"당신이 약값을 스스로 내야 합니다."

파비앙 선교사는 그에게 닭을 기르게 하고 달걀을 팔게 했다. 그의 선교사역을 보면서 나는 지혜롭게 사람을 돕는 것과, 참 사랑이 무엇인지를 배웠다. 그는 내 영혼의 스승 가운데 한 분이다.

사람은 빵만으로는 살 수 없다

요잉 형제를 생각하면 그가 처음 모임에 왔던 몇 년 전의 성탄절과 현지인 동역자 후이 부부를 떠올릴 수밖에 없다. 나와 함께 사역하던 후이 부부는 그때 아마 성령의 큰 감화를 받았던 것 같다. 교회의 리더들 누구와도 상의하지 않고 성탄축하예배 포스터를 여러 대학교 게시판에 공개적으로 붙이고 말았다. 그것도 눈에 잘 띄게 두꺼운 매직펜으로 집회장소 약도까지 친절하게 그려서 말이다. 경찰의 허락을 받지 않은 종교집회가 불법인 이 나라에서 "부디 날 잡아가주세요"

하고 광고를 한 셈이었다. 이미 학교당국이 경찰에 신고했을 것이기에 나와 아내, 그리고 또 다른 한 외국인 선교사 가정은 예배 장소에 못 가고 집에 머물러야 했다.

후이 부부를 낙심케 한 것은 이뿐 아니었다. 그렇게 큰 대가를 치르고 붙였던 성탄 포스터의 효과가 별 볼일 없었던 것이다. 통상 우리가 여는 성탄집회에는 현지 우리 교회의 학생들과 졸업생은 물론 제법 많은 대학생과 직장인들까지 소개를 받아 참석해 북적였다. 그런데 그해는 하필 국가공인시험이 집회 날짜와 겹치게 되었다. 국가공인시험은 영어시험으로 대학 졸업에 필수적인 중요한 시험이다. 이 나라에선 왜 성탄절을 전후해서 그런 시험을 치르는지 알 수는 없지만, 학생들은 우리 집회 대신 시험장으로 가야 했다. 큰 예산을 들여 빌린 성탄모임에는 빈자리가 너무 많았다.

그날의 기록은 또 한 가지 있었다. 성탄예배가 끝나면 새로 온 사람들을 소개하는데 평소에는 꽤 많은 사람들을 소개할 수 있었다. 하지만 그날은 오직 한 명밖에 없었다. 그것도 문제가 된 그 포스터를 보고 온 형제였다. 그 한 명이 지금 내가 소개하려는 요잉 형제다.

요잉은 정말이지 먼 곳에서 왔다. 고향에 있는 대학을 졸업하고 잠시 그 지역 회사의 연구원으로 있다가 내가 사역하는 지역의 공대가 자기 전공분야에서 뛰어난 곳이라 이 대학원으로 진학한 것이다. 어느 누구의 소개도 없이, 그 위험한 포스터만 보고 찾아온 단 한 명의 청년 요잉 형제는 그날 대단한 환영을 받았다. 요잉은 자기 평생에 이런 환대를 받기는 처음이라고 했다.

그는 명문대 출신의 우수한 인재였지만, 실험과 통계 처리의 연속인 대학원 공부와 살벌한 경쟁 속에서 지쳐 있었다. 무엇보다 자신의 전공인 자연과학이 아닌 다른 분야에 관한 갈증이 있었다. 그것이 종교든, 철학이든 간에 하나님 외에는 해결할 수 없는 영적 목마름과 지적 배고픔이 그를 성탄예배 자리로 이끈 것이다.

요잉 형제는 나와 함께 정기적으로 만나 성경을 공부하기 시작했다. 수재들만 오는 명문 국립대학원의 전액 장학생답게 창조론에 대해선 진화론의 입장에서 낯선 질문을 해왔지만, 그의 성품은 온유했다. 만날수록 겸손하고, 순종적이며, 묵상하는 이삭이 떠올랐다. 신앙이 성장해가는 그의 모습을 보며 말할 수 없이 기뻤다.

나와 만난 지 반 년이 지난 즈음, 요잉 형제가 기숙사를 나와 교회에 들어와 살고 싶다고 했다. 기숙사에선 다른 사람들의 눈치가 보여 기도를 잘 할 수 없다는 것이 이유였다. 기독교에서 말하는 죄에 대해 깨닫고 침통해하던 그는 더 깊은 묵상이 필요했던 것 같다.

1년이 되자 요잉은 스스로 세례 받기를 원했다. 요한복음 19장 30절에 나오는 "다 이루었다"는 예수님의 말씀을 십자가에서 자신의 죄값을 대신 다 치르셨다는 선언으로 받아들이고 깊은 감사의 눈물을 흘린 다음이었다.

그의 신앙 성장은 놀라웠다. 요잉 형제는 학위논문을 쓰던 도중, 졸업을 1년 유예하고 교회를 섬기면서 하나님이 주신 길을 찾아보겠다는 결정을 내렸다. 나는 반대했다. 그의 재능이 아까웠고, 직장생활을 하면서도 후배들에게 충분히 신앙생활의 본보기가 될 수 있을 거라고 충고했다. 그는 도리어 나에게 물었다.

"형은 왜 한국에서 잘 나가던 병원을 그만두고 이곳에 오셨습니까? 한국에서 직장생활을 하면서 교회를 잘 섬기면 후배들에게 좋은 모범이 될 수 있었을 텐데요?"

날카로운 질문이었다. 그는 나에게 정직한 답을 원했다. 나는 그에게 교회에 들어와 살아도 좋다고 말할 수밖에 없었다.

요잉 형제는 방학을 맞아 잠시 고향에 내려갔다. 부모님을 뵙고 졸업 연기에 대해 설명해야 한다고 했다. 그는 늘 보던 매일묵상집을 가지고 웃으면서 고향으로 가는 기차를 탔다. 내가 그를 위해 할 일은 기도밖에 없었다.

'주님, 요잉을 지켜주옵소서. 그가 영적 배고픔을 계속 유지하게 도와주옵소서. 부모님과의 관계가 깨지지 않게 하옵소서. 그의 인생에 가장 좋은 길을 허락해주옵소서.'

얼마 후, 고향에서 돌아온 날 요잉은 우리 집에서 식사를 함께했다. 그는 아무런 말이 없었다. 평소에 웃음이 가득해 이삭이라 불렸던 그가 아니었다. 식사를 마치고 집 뒤 논두렁을 그와 같이 걸으면서 이야기를 나눴다.

요잉 형제의 아버지는 시골마을의 면장 급으로 일종의 공무원이었다. 그의 아버지는 종교가 국가를 위험하게 만든다고 믿는 사람이었다. 그는 아들에게 최근 그 마을에서 활발하게 성장하던 한 가정교회의 문을 닫게 하는 데 혁혁한 공을 세웠다고 자랑을 했다고 한다.

외아들인 요잉은 아버지의 자부심이었다. 공부를 잘했기 때문에 마을 사람들도 그의 앞길이 창창할 거라고 기대하고 있었다. 그런데 그가 아무나 갈 수 없는 최고의 대학원 졸업을 미루고 목사가 되겠다고 하니 그의 아버지의 분노는 하늘을 찌를 듯했다. 요잉에게 귀신이 들렸다며 굿을 하자고까지 했다.

도망치듯 고향에서 돌아온 요잉 형제는 묵묵히 자기의 신념을 따랐다. 졸업을 미루고 1년 동안 신학교육을 받고 주일예배 설교를 맡으며 열심히 사역에 힘썼다. 그러나 시간이 지나 졸업 날은 어김없이 다가오고 말았다.

그의 고민은 컸다. 신앙을 위해선 이곳 교회에 남아 있어야 했고, 취직을 위해선 고향으로 내려가야만 했다. 그는 갈등 끝에 결심했다.

"형, 내려가야겠습니다. 아버지의 고통이 너무 커서 거의 돌아가실 지경이에요."

그는 효자였다. 나는 그의 길을 축복해주었다.

"어디로 가든지 단을 쌓았던 아브라함을 잊지 말자. 언제든 너를 위해 기도하마."

요잉이 고향으로 간 후, 나 역시 상황이 변해 이 나라를 떠나야 했다. 그에게 연락을 자주하면 위험할 수 있어 근황을 알고 싶고 보고 싶어도 참았다. 어느 날, 그에게서 결혼 청첩장이 날아왔다. 물론 나는 갈 수 없었다. 신부는 고향의 처녀라고 했다. 교회가 없는 그의 고향에서 아브라함이 이삭의 아내를 구하기 위해 그의 종을 밧단아람까지 보낸 것처럼 그리스도인 신붓감을 찾으라는 말은 할 수 없었다.

지금도 간혹 그에게서 이메일이 온다.

"형, 여기엔 마을에도 직장에도 그리스도인은 한 명도 없습니다. 이곳에서 몇 시간 떨어진 곳에 국가공인 교회가 하나 있습니다. 그곳에라도 가볼까 하다가 그만 안 가고 말았습니다. 그래도 매일 말씀을 읽으며 주님을 그리워합니다."

그에게 영적 배고픔과 목마름은 여전했다.

시원한 바람이 창가에 불어오는 날이면 나는 요잉 형제와 즐겨 부르던 찬양을 그리스도께 바친다. 마치 그가 내 옆에 함께 있는 것처럼.

예수님, 당신의 사랑이 제 심령에 못과 같이 박혀 있으니,
제 영혼이 큰소리로 주를 높입니다.

제 입술로 못다 할 저의 배고픔과 갈망,

그리고 저의 생명을 주님께 드립니다.

곧 다시 만나요

봄날이었다. 온 세상이 나를 위해 존재하는 것처럼 따뜻하고 좋은 날씨에 진찰실로 들어온 링링은 숨을 가쁘게 쉬었다. 엄마와 함께였다. 열일곱 살이지만 초등학교 1, 2학년 정도로 보일 만큼 작은 키였다. 겨우내 하던 기침이 좀 잦아들었다는데도 계속 숨을 가쁘게 쉬었다.

링링은 숨이 가빠 입술을 복주머니를 펼친 것처럼 동그랗게 만들어서 하는 호흡을 했다. 입술이 파랗고, 심폐기능이 떨어져 손가락 끝마디가 곤봉처럼 부풀어 오르는 청색성 심장질환의 일종이었다.

힘들게 숨을 쉬면서도 링링의 얼굴에는 웃음이 가득했다. 어릴 때부터 힘들었을 텐데 왜 이제야 왔느냐고 했더니 또 웃기만 했다. 병원에 온 것도 처음이라고 했다. 링링은 차를 타고 적어도 사흘은 가야 하는 첩첩산중에 사는 소수부족이었다. 무슨 돈이 있어서 대학병원까지 오겠는가.

진단은 어렵지 않았다. 심실중격결손증. 가장 흔한 선천성 심장병이며 초기에는 간단한 수술로 치료가 가능한 병이다. 그러나 통상 초등학교 입학 전까지 수술 등으로 교정을 해야 하는데, 링링은 고등학교를 졸업할 나이가 되도록 수술을 하지 못해 이미 폐까지 제 기능을 잃어버린 아이젠멩거 증후군이었다. 이 병은 선천성 심질환을 제때 치료하지 못해 폐동맥고혈압증을 동반한 상태로 심폐이식이나 특수한 약물로만 겨우 심폐기능이 유지되는 선천성 심질환의 최악의 합병증이다. 링링의 경우, 25를 넘으면 안 되는 폐동맥 압력이 이미 서너 배 정도 올라 있었다. 한국에서라면 혈관 촬영을 하고 폐동맥고혈압이 약물로 감소하는지를 확인하면서 KONOS(질병관리본부 장기이식관리센터)에 등록하고 심폐동시이식을 시도해야 한다는 처방을 내렸을 것이다. 그러나 이 나라에서도 가장 가난한 산골 처녀 링링에게 혈관 촬영도, 구하기 힘든 비싼 약물을 평생 투여하라는 말도 할 수 없었다. 환자보다 의사인 내가 더 절망적인 심정이었다.

  오후 진료가 시작되어 진찰실로 들어가려다가 대기실에 앉아 있는 링링 모녀를 만났다. 링링만큼이나 큰 눈을 가진 엄마가 링링과 함께 두 눈을 크게 뜨고 나를 바라보고 있었다. 그 눈에는 간절한 기대와 소망이 가득 차 있었다.
  진료실 안에서 링링의 심장초음파 보고서를 손에 들고 한참을 생각했다. 링링 모녀는 사흘 동안 이곳에 오면서 희망에 부풀었을 것이다. 어떻게 이곳까지 왔느냐고 물었을 때, 어떤 전도인이 이 병원에 가서 나를 만나라고 했다고 한다. 그러면 어떤 치료 방법이 생길지도 모른다면서. 여기까지 오려면 차비도 만만치 않게 들었을 텐데, 아마도 주위 사람들의 도움을 받았을 것이다.

사흘 길. 오랜 가뭄으로 굶주리던 야곱의 집안을 구하기 위해 이집트에 와서 곡식을 사려던 열 명의 요셉 형들이 생각났다. 총리였던 요셉은 그를 팔아넘겼던 형들을 단번에 알아봤다. 요셉은 형들에게 간첩혐의를 씌워 옥에 가뒀다. 그들을 회개의 길로 인도하기 위함이었다. 사흘 후 둘째 형인 시므온을 인질로 잡고 나머지 아홉을 가나안으로 돌려보내며 아버지 야곱이 가장 사랑하는 막내아들 베냐민을 데리고 이집트로 돌아와야 한다는 조건을 달았다. 희망을 품고 이집트에 왔다가 절망을 안고 가나안으로 돌아가는 요셉 형들의 무거운 발걸음이 링링 모녀의 사흘간 귀향길이 될 것이었다.

간호사에게 링링 모녀를 들여보내라고 했다. 치료가 불가능하다는 결과가 나왔지만 잘 설명하리라 결심했다. 하지만 희망에 가득 찬 얼굴로 웃으며 들어오는 모녀를 보면서 내 마음은 그만 무너지기 시작했다.

'내가 왜 의사가 되었을까? 내가 의사가 아니었다면 이 착한 모녀에게 치료 불가능이란 말은 하지 않아도 되는데……내가 왜 선교사가 되었나? 그냥 고향에서 병원을 하고 있었으면 굳이 여기까지 와서

이 가여운 모녀를 만나지 않아도 되는 것을…….'

난 정말 유능한 의사가 되고 싶었다. 예수님처럼 많은 병자들을 고쳐주고 싶었다. 치료가 불가능한 병도 열심히 연구해서 낫게 해주고 싶었다. 환자들이 구름같이 몰려오면 예수님을 전하리라 생각했다. 다들 주님을 믿고, 병이 낫고, 그들 입에서 예수님 찬양이 나오는 상상만 해도 즐거웠다. 이런 갈증이 나를 의사가 되게 했고, 선교사가 되어 여기까지 오게 해주었는데.

그러나 지금 나는 살길을 찾으리라는 소망을 가지고 사흘 길을 달려온 링링 모녀에게 이제 아무 치료 방법이 없으니 그냥 집에 돌아가라는 말을 전해야 하는 무능한 의사가 되고 말았다.

환자를 진료실에 들어오라고 해놓고 아무 말도 못하는 의사를 본 적이 있는지. 의사는 울면 안 된다고 정신과 시간에 배웠다. 감정이입은 아주 무서운 의료과오를 일으킨다고 했다. 환자의 감정이 의사에게, 혹은 의사의 감정이 환자에게 이입되는 순간 걷잡을 수 없는 실수를 초래할 수 있었다. 하지만 이 못난 의사는 정말 아무것도 할 수 없는 순간에 울음을 참느라 기를 썼다. 눈물이 솟구쳐 하는 수 없이 심초음파 결과 판독지로 얼굴을 가렸다.

고개를 들어보니 링링이 내 앞에 앉아 있었다. 그 큰 눈에 또 미소를 지었다. 나도 모르게 링링을 안아주었다.

그리고 겨우 입을 열어 말했다.

"링링……하나님이 너를 축복하신단다."

어린 링링은 오히려 나보다 침착했다.

"선생님, 하나님이 선생님을 정말……정말 축복해주시길 원합니다."

링링은 죽어가는 환자가 아니었다. 이미 빛의 자녀이고, 주님의 사자였다. 눈에 보이는 삶에 매달리던 연약한 의사에게 "보이는 것은 잠깐이요 보이지 않는 것은 영원함이라"(고후 4:18)고 가르쳐준 천사였다. 죽음은 끝이 아니다. 영원한 소망의 시작이다.

나는 링링을 오래 안아주었다. 위로의 성령이 뜨거운 용암처럼 우리들을 감싸주었다. 이 나라 말로 안녕은 "굿바이"(Goodbye)가 아니다. "다시 만납시다"(See you again)다.

진료실 바깥까지 배웅하는 나에게 링링은 가냘픈 손을 흔들었다.

"다시 만나요."

멀어져가는 링링 모녀를 오래도록 바라보았다. 이 세상에서 마지막으로 보는 링링의 모습이었다. 나는 눈물로 기도했다.

"주님, 링링과 그 집을 축복해주옵소서. 우리가 당신의 집에서 곧 다시 만날 줄 믿습니다."

부족한 사역은 없다 - 체부

체부는 글자 그대로 가장 중심 몸통이며 위의 운동을 관장하는 주요한 기능을 담당한다. 많은 일을 해서일까? 궤양과 암도 잘 걸린다. 그중 전정과 경계에 위치한 위각(胃角)에는 혈액공급이 잘되지 않아 궤양 등 병이 잘 온다. 체부의 특징은 위에 있는 분문이나 저부는 말할 것도 없고, 체부 아래에 있는 전정에 암이 생겨도 체부의 일부 혹은 전부를 절제해야만 한다는 것이다.

마님, 교회 갑시다

체부가 어머니 같다고 생각하면 너무 심한 억측일까? 아닐 것이다. 어머니는 온갖 일을 다 해도 공은 다른 사람에게 돌아가고 오욕은 뒤집어쓰신다. 남편과 자식들을 위해 헌신하다가 그중 누구라도 병이 들고 죽음을 맞이하면 어머니는 당신의 육신을 잘라내는 것과 같은 고통을 겪으신다. 우리 대신 얻은 온갖 상처, 우리 대신 잘린 어머니의 몸과 마음, 우리를 키우시며 예수님 앞에 엎드려 밤새워 기도하신 어머니를 뵐 때마다 나는 체부를 연상한다.

막내인 내가 초등학교 5학년 때 아버지가 돌아가셨다. 오랫동안 중풍으로 고생하던 아버지는 돌아가시기 2년 전부터는 거의 식물인간으로 누워 계셨다. 어머니는 아홉 남매를 기르고, 집안 종손의 큰 살림을 하면서도 몸에 욕창 하나 나지 않도록 깨끗하게 아버지를 돌보셨다. 아버지가 돌아가셨을 때 우리 어머니는 40대 중반이었다. 그 후 혼자 몸으로 우리를 기르고 교육을 시키셨다. 도대체 교육비는 어떻게 대신 걸까.

특히 막둥이인 나는 아버지가 돌아가신 후, 상실감으로 방황하면서 어머니께 근심을 많이 끼쳐드렸다. 나의 여섯째 누나는 어린 아기 하나를 남기고 일찍 사망했다. 어머니는 그때도 말할 수 없는 아픔을 겪으셨다. 평생 너무 많은 일을 해서 성한 곳이 하나도 없는 우리 어머니는 80세 되시던 해 대장암 말기에 이르러 수술까지 받으셨다.

　어머니는 시대의 희생자였다. 일본의 강점기에 부잣집 외동딸로 태어났지만, 정신대로 끌려가지 않기 위해 얼굴도 보지 못한 아버지와 서둘러 결혼을 하셨다. 우리 아버지는 일찍 북만주로 가셨다가 결혼하기 위해 잠깐 고향에 들어오신 분이었다. 지금 일본 정부에서 정신대가 역사적인 사실임을 인정하지 않는 것은 정말 어이없는 거짓말이다. 어머니는 18세에 결혼을 하고, 아버지를 따라 만주로 떠나셨다.

　해방 후, 두 분이 다시 조국으로 돌아오는 길은 험악했다. 한겨울 영하 40도까지 내려가는 만주벌판을 지날 때, 아버지는 아침마다 어머니의 얼굴에 숯검정 칠을 하고 거지처럼 위장을 시켰다. 마적 떼를 만나면 남자는 죽이고 여자는 납치하던 때였다. 어머니는 하얀 피부에 인물이 고우셨다. 검정 칠 덕분에 아버지와 어머니도 마적 떼와 부딪쳤지만 매만 맞고 풀려났다고 한다.

　아버지는 돌아와 경찰학교에 들어가셨고 출세를 빨리해 서장이 되셨다. 1950년 한국전쟁이 일어나자 어머니는 경찰의 아내라는 이유로 빨치산에 붙들려 갔다. 어머니는 며칠 동안 심하게 얻어맞으셨다고 한다. 죽창으로 처형을 당하기 전날, 빨치산 대장이 어머니를 몰래 찾아와 풀어주었다고 한다.

　"내가 당신 남편에게 은혜를 입은 적이 있소."

영화나 소설에서나 나오는 것처럼 어머니는 죽음에서 극적으로 탈출하셨다.

　어머니는 독실한 불교신자였다. 적어도 집 근방 다섯 개의 절이 어머니의 시주로 세워졌거나 운영되었다. 내 이름도 스님이 지어줬다. 우리 집은 아버지가 6대 종손이라 제사가 많았다. 거의 두 주에 한 번은 제사를 지낸 것 같다. 거기에 거느려야 할 식솔들이 20-30명이 넘어 어머니는 매일같이 새벽 두 시에 잠이 들고 새벽 네 시에 일어나 일을 하셨다. 집안일을 돕는 아주머니들은 사흘 만에 도망가기 일쑤였다. 아버지는 5. 16 이후 경찰을 그만두고 사업을 하셨다.

　그때 우리 집은 꽤 잘 살아서 큰 기와집을 가지고 있었다. 우리 집 바로 옆에는 허름한 집 하나가 있었는데 시장에서 행상을 하던 유 씨 아주머니가 살고 있었다. 유 씨 아주머니는 경찰서장 출신 사업가의 아내인 우리 어머니를 마님이라고 불렀다. 그분은 어머니를 보면 언제나 하는 말이 있었다.

　"마님, 교회 갑시다."

　가난한 행상인 여인이 부유한 안주인에게 전도하기가 쉽진 않았을 것이다. 어머니는 그저 웃으며 "다 아시지 않습니까? 저는 조상님께 제사를 드려야 하니 교회에 갈 수 없습니다"라고 하셨다.

　어느 맑은 날이었다. 어머님은 평소처럼 대청마루에 앉아 콩과 마늘을 다듬고 계셨다. 문득 눈앞에 시커먼 옷을 입은 두 사람이 우리 집 담을 넘어오는 것이 보였다. 2미터 가까운 담장을 그들은 긴 다리로 성큼 한번에 넘었다고 한다. 두 사람은 각각 어머니의 팔을 양옆에 끼고 같이 가자고 했다. 어머니는 못 간다고 버둥대다가 정신이 났다고 하신다. 낮잠을 자본 적이 없는 어머니는 이것이 꿈도, 환상도 아니었고 실제였다고 늘 말씀하신다. 그만큼 생생한 체험이었다.

어머니는 그 길로 옆집 유 씨 아주머니를 찾아가셨다.

"오늘 교회 갑시다."

마침 수요일이라 예배가 있었다. 어머니는 그날부터 새벽예배, 수요예배, 금요철야예배, 주일예배에 참석하셨다. 어머니는 철야예배를 드리고 교회에서 주무시는 것이 즐겁다고 하셨다. 아버지가 돌아가시고, 딸 하나도 잃고, 모진 고생을 하며 우리를 키우신 어머니는 종종 말씀하신다.

"내가 새벽기도가 아니면 살 수 없었을 것이다."

어머니를 따라 초등학교 때부터 교회에 다녔지만, 나는 중고등학교 시절 어머니 속을 많이 태웠다. 우리가 죄인임을 알면서도 끝까지 사랑해주시는 예수님처럼, 어머니는 내가 책값으로 받은 돈을 엉뚱한 곳에 쓰는 것을 다 알면서도 잠자코 돈을 내어주셨다. 그 신뢰 앞에 나는 무릎을 꿇었다. 나 스스로 어머니를 속이는 일을 하지 않겠다고 결심하게 된 것도, 재수 시절 주님 안에서 회심한 것도 모두 어머니의 기도 덕분이었다.

어머니를 교회로 인도하고, 우리 가족이 예수님을 믿게 되고, 내가 선교사로 나가게 된 것은 행상하던 유 씨 아주머니가 어머니를 전도하며 했던 말 한마디 덕분이었다.

"마님, 교회 갑시다."

내가 전도 활동이 자유롭지 않은 나라 사람들에게 예수님을 전하는 것은, 유 씨 아주머니가 우리 어머니를 전도하는 것만큼이나 어려운 일이었다. 하지만 때가 이르매 하나님께서 어머니에게 딱 맞는 방법으로 예수님을 믿게 해주신 것처럼 선교지의 그분들에게도 때가 있을 것이다. 나는 그분들을 대할 때 유 씨 아주머니가 우리 어머니를 "마님"이라 부르며 대하듯 존중하며, 때를 얻든지 못 얻든지 예수님을 전하려 한다. 이것이 선교사로서 현지인에게 가져야 할 태도이며, 우리가 할 수 있는 가장 강력하고 아름다운 말일 것이다. 그 뒤의 일은 주님이 맡으실 것이므로.

올해 91세가 되신 어머니는 치매를 앓고 계신다. 어머니는 더 이상 사랑하는 자식들도 알아보지 못하신다. 그렇게 사랑하던 막내아들도 다 잊으셨다. 내가 손을 잡아드리면 맑은 눈으로 나를 쳐다보시며 예의 있게 물어보신다.

"누구신데 저에게 이렇게 잘해주시나요?"

억장이 무너져 내린다. 하지만 어머니가 지금도 잊지 않는 것이 있다. 먹을 것을 앞에 두면 어머니는 손을 모으고 이렇게 기도하신다.

"은혜로우시고 자비로우신 아버지 하나님……."

지금 어머니의 얼굴은 평안하다. 어머니가 겪은 험악한 세월의 고통스런 기억들을 치매가 지워버린 것이다. 어머니는 말기대장암 수술 후유증으로 배변장애를 일으켜 하루에 스무 번도 넘게 변을 지리셨는데, 주님은 이것마저 고쳐주셨다. 치매는 평생을 체부처럼 일하면서 주님을 사랑한 우리 어머니에게 하나님께서 주신 선물이었다.

정녕 우리 주님은 은혜로우시고 자비로우신 분이다.

의사와 선교사, 두 혈관 사이에서

의사인 나와, 약사인 내 아내가 선교를 위해 히말라야 고원에 와서 있다고 하면 사람들은 보통 이렇게 말한다.

"와, 환상적이네요. 남편은 무료로 진찰해주고, 아내는 약을 지어주면서 전도하면 현지 사람들이 금방 예수님을 영접하지 않겠어요? 곧 부흥하겠네요."

어떤 분은 또 이렇게 말한다.

"현지에 병원을 차리면 생활비도 벌면서 전도하는 진정한 자비량 선교사가 될 수 있겠네요. 바울이 아굴라 부부와 함께 텐트를 만들어 선교비를 벌면서 전도한 것처럼 말이에요."

그랬으면 오죽 좋겠는가. 하지만 현실은 그리 녹록하지 않다. 의사와 선교사라는 두 직업이 통합되어 시너지 효과를 낼 수도 있지만, 어떤 상황에선 의사의 일도, 선교사의 일도 제대로 하기 어려운 지경에 처하기도 한다.

체부에는 위각이라는 부위가 있다. 체부의 마지막이자 전정 혹은 유문의 시작에 위치한 경계점이다. 급격한 각도로 꺾여 있는 이 부위는 두 개의 동맥으로부터 풍부하게 피를 공급받는다. 그러나 갑자기 혈압이 내려간다든지 우리 몸에 이상이 생기면 두 혈관이 모두 위각에 피를 공급하지 못할 수도 있다. 이런 이유로 위각은 위 전체에서 궤양이 많이 생기는 곳 중 하나다. 나는 종종 위각이 전문인 사역자의 처지와 같다는 생각을 한다.

어느 나라든지 의료법은 매우 엄격하다. 가난한 저개발국이라고 해서 상황이 다르지는 않다. 우리나라 산간벽지에 외국인 의사가 무료로 진찰하고 약을 준다면 우리나라 보건복지부에서 가만히 있지 않는다. 마찬가지로 한국의 의사면허로 외국에서 정식 의사로 일하는 것은 매우 어렵다. 현지인 의사가 대신 서명하는 편법을 쓰는데 정직하게 말하면 이는 불법이다. 잘못하면 현지 경찰이나 보건복지부 관계자들에게 트집을 잡힐 수도 있고, 심각한 의료사고의 실마리를 제공할 수 있다. 의료사고를 대비해서 보험을 들어놓으라고 하는데, 자기 면허증이 없으면 보험에 들 수도 없다. 상황이 그러니 선교지에 병원을 차려 돈을 벌면서 전도를 한다는 것은 거의 불가능하다고 보면 된다.

의료선교사로 현지의 정식 의사면허를 받을 때까지 만 7년이 넘게 걸렸다. 그전까지 했던 진료는 사실 무면허 진료였다. 내 전문영역인 내시경을 다룰 수 없었다. 현지인들에게 나는 외국에서 온 의료상담자 정도였을 것이다.

교회개척은 잘했을까? 열심히 했지만 내 마음에 어떤 제약 같은 것이 있었다. 선교보고를 하는 교회에서 내게 축도를 부탁할 때가 있다. 내가 목사가 아니라 축도할 수 없다고 하면 깜짝 놀라기도 한다.

"아니 왜 아직도 목사 안수를 받지 않으셨나요?"

의료계에서도 마찬가지다. 의대 선배들은 내가 의료선교사로 나가게 되면 의사로서 전문적인 깊이가 부족하게 되지 않을까 걱정해주었다.

의사와 선교사라는 두 동맥으로부터 피를 수혈받는 위각과 같은 나는 종종 두 혈관으로부터 피를 공급받지 못해 궤양에 걸리는 것 같아 의기소침해지기도 했다.

약사인 내 아내도 비슷하다. 들어가기 힘들다는 대학병원 약국에

취업해 6-7년 동안 경험을 쌓았고, 개업 약사로 있을 땐 한약사 자격증까지 딸 만큼 성실하고 실력이 있었다. 그러나 막상 이곳에 선교사로 나와 보니 약사로서 일할 수 있는 환경이 안 되었다. 여섯 살, 다섯 살, 두 살짜리 우리 아이들을 맡길 데가 없어 직접 돌봐야 했다. 아내는 자신의 직업을 사랑했고 준비도 잘 되어 있었지만, 약사와 선교사 가운데 약사를 포기해야 했다.

두 가지를 다 잘하고 싶어 스스로 몸부림을 치기도 했다. 현지 의사들을 상대로 임상세미나를 열기도 하고, 외국으로 나가는 의사들에게는 의학영어를 정리해서 가르치기도 했다. 산골에서 온 가난한 환자들을 최대한 싼값에 치료해주려고 고심했고, 도시의 빈민인 넝마주이들에게 무료진료도 했다. 이곳 가정교회에 한국에서 유행하는 새로운 성경공부법을 들여와 시도하기도 했고, 본국사역 때는 신학도 공부하려고 애를 썼다.

내 자신의 존재를 드러내기 위해 분투하는 모습은, 마치 야곱이 외삼촌인 라반으로부터 얼룩무늬 양을 얻기 위해 시냇가에서 물을 먹으러 온 암양들 앞에 버드나무와 살구나무와 신풍나무의 푸른 가지 껍질을 열심히 벗겨 가져다놓은 것과 같았다. 그러나 야곱이 얼룩무늬 양들을 풍부하게 얻은 것은 어쩌면 망막에 혼란을 일으켜 DNA 변화를 일으키려 한 그의 비과학적인 노력 때문이 아니었다. 야곱을 불쌍히 여기신 인애로운 하나님의 도우심 덕분이었다.

우리 부부가 의사와 약사, 선교사로서 혼란을 겪고 있을 때 주님은 나에게 생각지도 못한 선물을 주셨다. 현지인 의사, 요셉이었다.

최고의 성탄절 선물

선교지에서 얻은 가장 큰 열매가 무엇이냐고 묻는다면, 현지인 닥터 요셉과의 우정이라고 말하고 싶다. 닥터 요셉의 원래 이름은 군인을 연상케 하는 강한 이름 '용'이었다. 그의 아버지는 이 나라를 세울 때 목숨을 걸고 싸운 군인이었다. 요셉 역시 고등학생 때부터 정부를 위해 혁명전사로 자신을 바치겠다는 선언까지 한 사람이었다. 그는 자기를 선천성 조직원이라고 소개하곤 했다.

닥터 요셉은 자기의 인생을 한마디로 '병영(兵營)의 삶'이라고 표현했다. 그는 어린 시절을 전방 부대 안에서 보냈다. 군복, 총, 대포, 그리고 군인들의 양철 식판 위의 밥알까지 군대는 그에게 떼려야 뗄 수 없는 삶의 전부였다. 부대 안 군인가족 숙소에는 따로 취사시설이 없었다. 세 끼 모두 군인들과 함께 식사를 했다. 어머니가 집에서 요리를 하지 않아 그는 집밥이란 것을 몰랐다고 한다. 아들의 교육을 위해 닥터 요셉의 아버지는 어려운 결정을 내려 퇴역을 하고 국가가 정해준 철도 관련 공무원으로 일하게 되었다. 그제서야 요셉은 어머니가 해주시는 요리가 무엇인지 알게 되었다고 수줍게 말했다.

닥터 요셉의 아버지는 우리 가족과 함께 식사할 기회가 있었다. 그분은 평생 혁명전사로 보낸 분답게 강단이 있어 보였다. 우리가 살고 있던 도시의 북쪽 히말라야 험산준령에도 철도를 놓기 위해 사신 적이 있었다고 한다. 수천 미터 높이의 협곡에서 일일이 손으로 레일 작업을 하던 수많은 전우들이 낭떠러지에서 떨어져 죽었다고 담담하게 말씀하셨다. 그분의 나라사랑은 하도 단단해 손으로도 만질 수 있을 것 같았다. 닥터 요셉의 아버지는 예수님의 복음에는 관심이 전혀 없었고, 서방국가와 기독교에 대한 저항감이 말할 수 없이 강했다.

닥터 요셉은 내가 레지던트 교육을 시킨 형제였다. 원래 이 병원에는 레지던트 교육이 없었다. 내가 이 대학병원에 초청을 받아 온 이유가 레지던트 교육을 시키기 위해서였다. 다른 병원에서 기초만 하고 온 요셉은 나와 공부를 하면서 의학에 흥미를 갖게 되었다. 나는 닥터 요셉과 함께 많은 환자들을 돌봤다. 병세가 까다로운 환자들을 같이 밤을 새워가며 연구하고, 상의하고, 치료했으니 그와 나는 의사로서 동고동락을 한 셈이다.

나는 그의 구원을 위해 몇 년을 기도하며 고민해왔다. 그는 나의 최우선 기도제목이었다. 내가 이곳에 선교사로 온 것이 이 형제를 만나 그의 영혼을 구하기 위함이라고까지 생각했다. 어느 날, 나는 그에게 정말 위험한 말을 건네고 말았다.

"용 선생(이때는 그가 요셉이란 이름을 갖기 전이었다), 혹시 성경을 읽고 싶은 마음이 있나요?"

이 나라에선 종교법으로 외국인이 현지인에게 성경을 선물로 주는 것을 금하고 있다. 이런 제안을 하는 것조차 위법이다. 일반 서점에서 성경은 구할 수 없고, 국가공인 교회에 가면 제한적으로 살 수는 있었다.

놀랍게도 그는 즉각 답변했다.

"받겠습니다."

나는 그에게 현지어와 영어로 된 성경을 건네면서 요한복음부터 읽어보기를 권했다. 기쁘고 떨리는 마음으로 기도하며 기다렸다.

두 주가 흘렀다. 나는 저녁식사를 함께하며 그에게 물었다.

"성경을 읽어봤습니까?"

"요한복음은 끝까지 읽었습니다. 성경이 생각 이상으로 좋은 책인 건 알겠습니다. 그러나 하나님은 믿어지지 않네요. 전 확실히 무신론자인 것 같습니다."

성경을 읽고 나서 극적으로 회심하길 기대했던 나는 실망하고 속이 상했다. 집에 돌아와 아내에게 이 이야기를 했더니 아내의 반응은 달랐다.

"여보, 그는 참 정직한 청년이에요."

그 말이 맞는 것 같았다. 이곳의 문화로 보면 즉답을 피하고 두루뭉술하게 대답하는 것이 관례다. 거절을 할 땐 "고려해보겠다", 안부를 물으면 "그럭저럭 괜찮다"라고 말하는 식인데 그는 솔직하게 "하나님이 믿어지지 않는다"고 답한 것이다.

그날 밤 나도 정직하게 주님께 간구했다.

"주님, 용 선생이 하나님 찾는 일을 그만두지 말게 하옵소서."

다음 날 점심시간이었다. 이곳은 점심시간이면 잠깐 낮잠을 자는 문화가 있어 모두들 휴식을 취하러 갔는데 용 형제는 당직실에서 혼자 공부를 하고 있었다. 나는 그에게 어제 아내와 나눈 이야기를 들려주고 나 자신도 하나님을 주님으로 영접하기까지 오랜 시간이 걸렸다고 했다. 그는 그저 고개를 끄덕일 뿐이었다.

저녁에 집에 돌아와 메일함을 보니 용 형제가 보낸 메일이 와 있었다. 나와 얘기를 나눈 후 당직을 서면서 쓴 것이었다. 그의 편지는 의사와 선교사의 일을 제대로 해내지 못하는 것은 아닐까 괴로워하던 나에게 큰 위로가 되었다.

사랑하는 형에게.

감사하다는 말, 오래전부터 하고 싶었지만, 오늘에서야 글로 써보네요.

지난 시간 형과 함께 공부하고 토론하면서 정직한 인격과 전공에 대한 확신, 그리고 환자들을 대하는 태도 모두 제게 말 못할 깊은 기억으로 남습니다. …… 형, 저는 형이 부럽습니다. 형처럼 저도 성실하며 정직한 사람으로 환자들에게 깊이 신뢰받는 전문가로서 기꺼이 환자들의 실질적인 어려움을 해결해줄 수 있는 의사가 되고 싶습니다. 형이야말로 제게 처음으로 의학을 공부하고 의사로 일하면서 얻는 기쁨을 가르쳐준 사람입니다. 다른 사람들을 도와주면서 느끼는 희열이지요. 덕분에 저는 스스로에 대한 존재 가치와 믿음을 찾게 되었습니다. 이전에는 여러 방면에서 혼란스러워 제가 걸어온 의료의 길을 포기하려는 생각도 했습니다.

스스로 생각해봅니다. 형을 이 나라에 보내시고, 저 또한 고향을 떠나 이 도시에서 일하게 하신 것이 하나님의 인도하심이 아닐까요? 하나님께서 저와 형을 이 병원에서 만나게 하신 것을 생각할 때, 저는 말할 수 없는 격려와 은혜를 받습니다. 형, 정말 고마워요. 이곳에 와주셔서. 저 역시 형의 환자로 형의 치료를 받은 사람입니다.

제 삶에는 몇 가지 풀 수 없는 번뇌와 고통이 있습니다. '사람은 무엇을 위해 사는가?', '삶에는 어떤 의미가 있는가?' 등등의 질문에 저는 명백한 해답을 듣지 못하면서 수년의 시간을 보냈습니다. 형은 저보다 많은 경험과 지식과 깨달음이 있으리라 믿습니다. 형을 통해 제 인생의 문제들에 대한 답을 구할 수 있길 희망합니다.

형은 주말에 월셋집을 찾으러 다니시겠지요? 좋은 주말 되세요.

당신의 제자, 용

시간이 흘러 용 형제는 전문의가 되었지만, 다른 레지던트들과 함께 여전히 나의 임상세미나에 참석했다. 무조건 참여해야 하는 정치수업이 있을 때를 제외하고는 밤샘 당직을 서도 집에 가지 않고 졸린 눈을 비벼가며 수업에 들어왔다. 이 나라에선 정치수업이 정말 중요하다. 박사시험도 영어와 전공, 그리고 정치에 각각 100점씩 총 300점 만점으로 진행된다. 심지어 정치시험에는 과락도 있다.

용 형제는 내가 하는 모든 강의를 필사하고, 종종 나에게 강의했던 슬라이드를 달라고 했다. 나는 기쁜 마음으로 그날의 강의안을 그에게 주었다.

성탄절이 가까워졌다. 나는 용 형제를 가정교회 성탄행사에 초대했다. 이번에 그가 꼭 예수님을 영접했으면 하는 강렬한 소망이 있었다. 용 형제는 기쁘게도 성탄절 행사 초청에 응해주었다. 그는 가정교회 성탄행사가 처음이었지만, 찬양도 열심히 따라 부르고, 연극도 진지하게 감상했다.

드디어 결단의 시간이 되었다. 설교를 맡은 재스민 선교사가 말했다.

"여기 오신 분 가운데 예수님을 영접하기 원하는 분들은 강대상 앞으로 나와주시길 바랍니다."

내 심장은 터질 듯 뛰었다.

"주님, 제발 용 형제가 의자를 박차고 앞으로 나가게 해주옵소서."

내 간절한 기도는 응답되지 못했다. 용 형제는 단상으로 나가는 사람들을 물끄러미 볼 뿐 꼼짝도 하지 않았다. 예수님의 구원 같은 건 전혀 관심도 없는 것 같았다. 그동안 나는 그에게 기독교 서적을 정기적으로 선물하고 있었다. 주님을 영접할 좋은 기회라고 믿었기에 나의 실망은 말할 수 없이 컸다.

며칠이 지났다. 용 형제는 나를 병원 내시경실의 판독실로 불렀다. 그는 나에게 얇은 책 한 권을 주었다. 책 제목은 『내시경의 기본』이었다. 수년에 걸쳐 그와 내가 함께 치료한 환자들의 병력과 위, 대장 내시경의 술기를 직접 기술한 37쪽짜리 지구상에 단 한 권밖에 없는 책이었다. 그 책에는 영어로 된 서문이 있었다.

"나의 진정 사랑하는 이에게, 나는 진심으로 정 선생을 이곳에 보내신 하늘 아버지께 감사한다. 하나님께서 하신 일이 아니었다면 나는 정 선생과 이처럼 의미 있는 일들을 같이하지 못했을 것이다."

문득 용 형제를 보니, 놀랍게도 그는 울고 있었다. 안경 너머로 흘러내리는 눈물로 그의 눈은 빛나고 있었다. 내 인생 최고의 성탄절 선물이었다.

드디어 나와 용 형제는 성경공부를 시작하게 되었다. 창세기를 끝

냈을 때, 그는 자신의 본명인 강한 군대라는 이름 대신 '요셉'이 되었다. 그의 회심은 의사와 선교사라는 두 혈관 사이에서 어느 것도 잘할 수 없어 의기소침했던 나에게 큰 용기를 주었다.

주님 안에서 부족한 선교사는 있어도 부족한 사역은 없다. 하나님을 향한 사랑과 열심은 언젠가 주의 은혜로 열매를 맺는다.

불을 일으키러 왔다

현지 병원에서 유일한 외국인 의사인 나는 엄연히 이 병원의 직원이다. 내시경실 상황에 따라 약간 일찍 퇴근할 수도 있지만, 대부분은 여느 직원들과 비슷하게 저녁 여섯 시쯤 병원에서 나온다. 나는 만원 버스를 타고 두 시간쯤 가서 내린다. 거기서 다시 한국 돈으로 500원 정도를 주고 오토바이를 탄다. 먼지를 푹 뒤집어쓰며 비포장 도로를 10분쯤 달려가면 이 지역에서 수재들만 온다는 명문 대학이 나온다.

슈슈와 위에는 이 대학 컴퓨터공학과에 다니는 학생들이다. 두 학생은 나를 기다리며 배를 쫄쫄 굶고 있다. 나는 그들과 같이 저녁식사를 하고 성경공부를 한다. 일찍 퇴근하거나 혹은 주말에 만나면 유일하게 내가 잘할 수 있는 부대찌개를 끓여 둘을 즐겁게 해준다.

이 나라에서 대학에 진학할 수 있는 학생은 극소수이고, 이 대학에 들어오려면 한국식으로 말해 내신 1등급을 받아야 한다. 위에와 슈슈는 대단히 우수한 이 나라의 인재들이다.

  성경의 핵심은 하나님께서 우리 인간을 "하나님의 형상대로"(창 1:27) 창조하셨고, 그럼에도 불구하고 하나님을 떠나 죄에 빠진 인간을 위해 스스로 죽으러 이 세상에 오셨다는 것이다(요 3:16). 그런데 이런 성경의 말씀을 전하면 현지 대학생들은 당연히 반감을 보인다. 이 나라 법에 따르면 고등학교를 졸업하는 만 18세까지는 종교를 가질 수 없다. 무신론은 이제 철학이 아니다. 하나의 종교가 되어버렸다. 무신론자가 하나님을 믿는 것은 무슬림이 예수님을 믿게 되는 것 이상으로 어려운 일이다.

  한번은 우리 모임에서 창조론 세미나를 연 적이 있었다. 세미나의 인도는 쥔이라는 청년이 맡았다. 쥔은 성경을 공부하고 예수님의 제자가 된 지 얼마 안 되는 물리학과 2학년 학생이었다. 그런데 세미나 도중에 수학과 출신의 창리라는 청년에게 집중 공격을 당하게 되었다. 창리는 이 나라 무신론 건국의 아버지와 같은 고향 출신답게 논리가 정연했다. 쥔은 논리로는 창리를 당할 수가 없었다. 창리의 말에 말려 대답을 잘못한 쥔은 그만 눈물을 흘리며 세미나 단상에서 내려가고 말았다. 나와 동료 선교사들은 개입하지 않고 지켜보고 있었다. 논리가 없어서가 아니었다. 창리 형제는 논리가 아닌 주님의 사랑으로 이끌어야 했다.

그 일은 종교가 과학이라는 무신론에 진 것처럼 보일 수 있었다. 그러나 원래 완벽한 논리로 무장된 이론은 완전한 거짓일 수도 있다. 인간의 논리로는 규명할 수 없는 일들이 이 세상에는 무수히 많다.

하여간 현지 무신론자들과의 대화에선 우주의 기원, 생명의 존엄, 그리고 하나님의 인도하심을 나누는 것이 늘 도전을 받는다. 위에와 슈슈도 같은 의문을 품는다.

퇴근 후에, 만원버스와 오토바이를 갈아타고 위에와 슈슈를 만나러 가는 두 시간은 내게 좋은 기도의 시간이다. 인간의 생명과 성령의 관계에 대해 많은 생각을 한다. 인간이라는 존재는 목록을 작성하고 분석해서 설명할 수 있는 물질적인 구성물이 아니다. 폴 투르니에가 『인간이란 무엇인가』라는 책에서 쓴 것과 같이 마치 하늘을 가로지르는 번개와 같은 영적인 존재요, 살아 움직이는 생령이기에 영이신 주님께 위에와 슈슈의 영혼을 맡기는 기도를 한다.

나도 긴 시간 콩나물시루 같은 퇴근 만원버스에 시달리며 위에와 슈슈를 만나러 가며 고민한 적도 있다. 한번은 늦은 시간에 성경공부를 하러 가다가 동료 선교사를 만난 적이 있었다. 그는 학생들과의 성경공부가 가족과의 저녁시간을 희생할 만큼 가치가 있는지, 다른 시간을 이용해보는 것은 어떤지 생각해보라고 했다. 선교사 경험이 많

무신론자인 위에와 슈슈의 심정에 불을 지르기 위해 가는 이 먼 길이 어떤 사람들에겐 헛된 시간낭비처럼 보일지 모른다. 들이는 노력에 비해 그 결과는 미미하거나 아주 없거나 할 것이다. 그러나 주님의 역사는 인간의 논리로는 계산되지 않음을 믿는다.

은 동료의 충고도 옳은 말이었다. 어느 쪽이 더 주님을 기쁘게 하는지, 가족과 공동체에 선한 영향력을 줄 수 있는지에 대해 깊이 생각했다. 이런 고민이 들 때마다 나는 현지에서 처음 시작했던 작은 가정 교회를 돌이켜보곤 한다.

이 작은 교회는 학교에서 두세 시간 떨어진 곳에 있었다. 예배를 위해 금요일 밤부터 먼 곳에서 온 형제들이 교회에서 잠을 잤다. 그들 중에는 그저 주말에 시내에 놀러 나오고 싶어서 교회 숙소를 이용하는 학생들도 꽤 있었다. 우리는 그들도 똑같이 환영했다. 아예 작은 아파트를 세내어 숙소로 제공했더니 제법 많은 학생들이 교회에 오게 되었다. 그 가운데 열 명 정도는 한 번도 성경을 진지하게 읽어본 적도 없고, 예수님을 주님으로 고백하지도 않은 학생들이지만, 나는 금요일 밤마다 그들과 교제하며 즐거운 시간을 가졌다. 그들과 보내는 시간이 얼마나 좋았는지 모른다.

나는 금요일 한밤중에 집에 돌아왔다가 겨우 몇 시간 눈을 붙이고 새벽에 일어나 다시 교회로 달려갔다. 토요일 새벽, 태양이 떠오르기 전의 어두컴컴한 길을 자전거를 타고 가면서 나는 성령께서 이 마른 뼈 같은 영혼들을 일으켜 세워주기를 기도했다.

교회에 도착하면 라면 끓일 물을 올려놓고 형제들을 깨워 기타를 치며 찬양과 성경 읽기를 했다. 한국인 동역자들 몇이 함께했기에 가능한 일이었다.

수년 후, 길가에서 파는 빵이나 음료, 불은 라면일망정 함께 먹으며 성경을 공부하고 찬양을 했던 학생들 중 두 명이 남았다. 그중 한 명은 담도 계통에 심각한 병변으로 두 번이나 수술을 하고 죽음의 문턱까지 갔다가 돌아왔다. 퇴원 후, 우리 부부는 그 형제를 데리고 살며 병간호를 했다. 아내는 내륙산간에선 보기도 귀한 전복을 구해 보름 넘게 죽을 쑤어 먹였다. 형제 덕분에 내 입도 호사를 누렸다.

두 형제들에게 우리는 어떤 특별한 것을 나누지 않았다. 형제들에게도 별다른 환상이나 체험은 없었다. 우리는 그저 매일 성경을 읽고 나누고 기도를 했다. 그런 과정을 통해 형제들은 정직하게 예수님을 그리스도로 영접했다.

한 영혼을 그리스도께 인도하기란 결코 쉬운 일이 아니다. 많은 땀과 인내가 필요하다.

재수 시절과 대학 시절, 아무 소망 없이 살던 나를 위해 똑같이 땀 흘리고 인내하면서 기도와 말씀으로 돕던 그리스도인들이 있었다는 사실을 나는 기억한다.

앞서 말한 닥터 요셉이 소화기내과 의사를 포기하려 한 적이 있었다. 여러 이유가 있었지만 무엇보다 학문에 흥미를 느끼지 못했기 때문이다. 그가 이런 위기를 극복하고 무사히 수련의를 마치게 되었다. 정직한 영혼을 가진 닥터 요셉은 오래된 고향의 속담을 인용하면서 내게 편지를 보내왔다.

"가르침이란 빈 통에 물을 가득히 채우는 것이 아니요, 한 필지의 땅에 불을 지르는 것이다.' 형, 형은 내 가슴속 한 광야에 큰불을 질렀습니다."

편지를 읽으면서 선교사는 사람들의 가슴속에 불을 일으키는 일을 해야 하는구나, 생각했다. 그 불은 성령의 불이다. 무신론자들에겐 영의 세계가 열리는 불, 하나님에게 적대적인 자들에겐 그들의 생각과 이론을 태우는 말씀의 불, 그리고 예수님은 알되 토할 것처럼 냉담한 사람들에겐 주님의 사랑의 불을 지핀다. 불이 지나간 광야는 검게 타고 얼룩덜룩 상처가 남지만 말씀이 자라기 좋은 토양이 된다. 그 위에 복음의 씨앗이 뿌려지고, 열매가 맺혀 가는 것을 보는 건 선교사의 가장 큰 기쁨이요 보람이다.

무신론자인 위에와 슈슈의 심정에 불을 일으키기 위해 가는 이 먼 길이 어떤 사람들에겐 헛된 시간낭비처럼 보일지 모른다. 들이는 노력에 비해 그 결과는 미미하거나 아주 없거나 할 것이다. 그러나 주님의 역사는 인간의 논리로는 계산되지 않음을 믿는다.

나는 순종할 뿐이다.

기쁨의 존재가 되기 위하여 – 전정

위의 체부 말단, 즉 위각을 지나면 바로 전정이다. 전정(前庭, antrum)은 앞마당 혹은 동굴로 번역할 수 있다. 좁고 굴곡진 소장으로 가기 전 약간의 공간이 생긴 것이니 소장의 앞마당이라고 해도 되고, 음식물이 체부까지 오면서 잘 갈아지고 섞여져 소장으로 들어가기 전 마지막 향연을 즐기는 동굴이라고 해도 무방하다.

선교사의 이사하기

선교사는 이사와 친해져야 한다. 이사를 자주 한다는 것은 한곳에 뿌리를 내리고 살지 않는다는 의미다. 주님이 가라 하시면 얼른 보따리를 싸야 한다. 그러나 이것이 말처럼 쉽지만은 않다.

  나는 태어나서 고등학교를 졸업할 때까지 지방 어느 대도시 중심가의 한옥에서 살았다. 개업할 때부터 살기 시작했던 아파트에선 세 아이들과 함께 아파트 뒤 텃밭에서 채소도 심어가며 정착민답게 편안하게 살았다. 선교사로 나가기 전까지 나는 이사를 좋아하지도 않고, 또 할 필요도 없었다. 내가 살던 집의 주인은 우리 부모나 형제, 나였고, 따라서 계약기간이란 것도 존재하지 않았다. 집은 나에게 안정의 상징이었다.

  선교사 훈련을 받기 위해 서울 모처 훈련원 단칸방에서 다섯 식구가 살 때가 있었다. 키가 큰 나는 방의 가로로도 세로로도 누울 수가 없었다. 생각다 못해 대각선으로 내가 눕고, 아내와 세 아이들이 나머지 공간에 지그재그로 누워 잤다.

  선교지에서도 여러 번 이사를 했다. 그중 가장 좋아했던 집이 있었다. 산을 좋아하는 우리 부부 소원대로 산에서 멀지 않은 곳에 있던 셋집이었다. 예전에 살던 집은 고속도로변이라 시끄럽고 공기가 좋지 않아 막내딸이 기침을 자주 했다. 새로 옮긴 곳은 시장도 가깝고, 공기도 좋고, 쉬는 날에는 가벼운 등산까지 할 수 있어 나름 여유를 즐길 수 있었다. 아이들도 가까이에 학교 친구들이 있어 즐겁게 놀았다. 진심으로 나는 이 집에서 오래 살았으면 했다. 하지만 주인이 집을 팔게 되어 그해 여름 할 수 없이 또 이사를 해야 했다.

각각 초, 중, 고등학교에 다니는 세 아이들과 내가 근무해야 하는 병원과의 거리, 선교회 사무실, 시장 등의 편의시설 등 여러 가지를 고려해서 집을 옮겨야 했다. 지금까지는 우리 부부가 이사를 결정했다. 그러다보니 매번 아이들의 요구를 충족시킬 수 없었다. 주일 저녁, 모처럼 식구들과 시간을 가지고 가족회의를 했다.

이번 이사를 계획하면서 나는 아이들의 의견을 최대한 존중해주기로 했다. 아이들이 각자 중요하다고 생각하는 조건을 먼저 발표하게 하고 투표로 결정하기로 했다. 한 사람씩 자신의 의견을 발표했다. 서로의 주장이 팽팽하게 맞서 얼굴을 붉힐 만큼 상당한 과열현상이 일어났다. 한 아이는 기도까지 했다. 단, 자기 주장은 확실하게 하되 투표 결과에 대해선 모두 승복하기로 했다.

결과적으로 일곱 가지의 우선순위가 정해졌다. 민주주의 정신에 따라 보통, 평등, 직접, 비밀 선거를 통해 중요하다고 여기는 항목에 1점에서 7점까지 점수를 주는 투표에 부쳤다. 결과는 다음과 같았다.

첫 번째는 방 네 개의 집(31점). 우리 부부와 딸 둘, 아들 하나, 모두 독립된 공간을 갖고 싶어했다.

두 번째는 교통이 편리한 곳(24점). 버스를 탈 수 있는 곳이 아이들의 등하교나 나의 출퇴근에 편리했다.

세 번째는 엘리베이터가 있는 집(20점). 이 나라의 법에 따르면 7층까지는 승강기를 설치하지 않아도 된다. 우리 가족은 그때까지 한 번도 승강기가 있는 건물에 산 적이 없어 5, 6층을 걸어서 올라 다녔다.

네 번째는 단지 내에 뛰어다닐 수 있는 마당이 있는 곳(20점). 이 항목은 우리 아들 모세의 압력이 컸다. 모세는 앞마당이 있어야 햇볕도 잘 들고, 빨래도 널 수 있고, 아빠도 퇴근 후에 쉴 수 있다면서 모두 7점을 줘야 한다고 주장했지만, 사실은 축구가 하고 싶어서였다. 지금까지 살았던 곳은 아파트의 공동마당이 작아 축구를 하면 이웃들이 시끄럽다고 못하게 해서 모세의 불만이 컸다.

다섯 번째는 가까운 곳에 공원이나 산책로가 있는 곳(18점). 이 나라에 살면서 가장 힘들었던 것 중 하나가 소음이었다. 이 민족을 사랑하지만, 가끔은 조용한 곳을 걸으면서 휴식을 취하고 싶었다.

여섯 번째는 단지 내 세대수가 많은 곳(15점). 세대수가 많으면 구멍가게 등 편의시설이 있을 가능성이 커서 아내의 입김이 컸다.

일곱 번째는 강아지를 키울 수 있는 곳(12점). 우리 가족은 한 해 전부터 현지 친구가 선물로 준 '산'이라는 이름의 강아지를 한 마리 키우고 있었다. 이제는 몸집이 꽤 커진 산이를 아파트 옥상에서 길렀다. 개와 함께 이사를 가려면 옥상이나 마당이 있거나 아니면 예산보다 비싼 큰 집을 얻어야 했다. 우리 선교회의 선교사들은 현지 중산층 수준의 집을 얻을 만큼만 예산을 배정받는다. 산이는 막내딸 지니가 동생처럼 사랑했다.

결과가 나오자 막내는 엉엉 울었다. 투표 결과에 따라 산이는 우리 가족에서 제외될 운명에 처했다. 마땅한 집이 없으면 산이는 농장으로 돌아가야 했다.

지니의 투표지를 살짝 봤더니, 의외였다. 누구보다 강아지를 좋아하는 지니가 7번 항목에 1점만 준 것이었다.

지니에게 이유를 물어보았다. 울먹이는 아이의 대답에 가슴이 뭉클했다.

"아빠는 출근해야 하니까 버스정류장에서 가까운 곳에 7점……엄마가 몸도 아픈데 매일 시장 보고 무거운 것 들고 층계를 오르니까 그 다음……언니랑 같이 방을 쓰니까 너무 늦게 자고 시끄럽게 음악 틀고, 친구들 오면 내 방을 보여주고 싶고……그러다보니 산이한테 1점만 주었는데 산이 너무 불쌍해요."

아이는 산이를 보며 하염없이 울었다. 지니가 갑자기 어른이 된 느낌이 들었다. 두 살 때 한국을 떠났고, 늘 웃고 노래 부르기를 좋아해 나에게 말할 수 없는 기쁨을 준 아이였다. 그 당시 아내는 두 해 연속 중대한 수술을 받아 몸이 많이 허약했다. 아이가 아픈 엄마와 먼 길을 자전거나 만원버스를 타고 출퇴근해야 할 아빠를 배려해 자신이 가장 사랑하는 산이를 포기한 것이다.

고맙고 기특했다. 나는 우는 아이를 안고 재워주면서 "미안하다"고 했다. 그날 밤, 산이의 울음소리가 더 구슬프게 들렸다.

투표는 끝이 났다. 누가 어디에 더 높은 점수를 주었는지는 주님과 선거위원장인 나만 알기로 했다. 투표지도 집을 찾을 때까지 보관하며 적절한 절차에 따라 열람할 수 있되 이름은 볼 수 없도록 가려놓았다. 이번 이사는 아이들에게 민주주의를 가르칠 수 있었던 좋은 사회 시간이 되었다.

얼마 후, 우리는 하나님의 은혜로 적당한 집을 찾아 이사하게 되었다. 안타깝게도 산이는 농장으로 돌아갔다.

이삭의 우물

내가 근무하던 대학병원에는 두 상사가 있었다. 한 사람은 소화기내과 과장이고, 다른 한 사람은 내시경센터 소장이었다. 소화기내과 과장은 이곳에선 보기 드문 의학박사이고, 야망이 아주 큰 의사로 어느 해에는 10대 정부조직원으로 뽑혀 일간지에 대서특필이 된 적이 있었다. 이곳에선 대단한 영예였다. 그는 신문기사를 오려 액자에 넣은 다음, 과사무실에 걸어놓게 했다. 여러 어려움을 무릅쓰고 외국인인 나를 이 병원에 청빙할 수 있었던 건 내과 과장의 정치적 실력이 한

몫을 했을 것이다. 내과 과장은 보안요원들이 정기적으로 신원조회를 나올 때마다 내가 스트레스를 받지 않도록 알아서 잘 처리해주었다. 간혹 환자에게 내시경을 하고 있을 때, 내과 과장이 낯선 사람들 몇몇과 내 뒤에서 수군수군할 때가 바로 보안요원들이 온 날이었다. 내시경실은 두 개의 문을 통과해야 되기 때문에 아무나 들어올 수 없었다.

반면 내시경센터 소장의 이력과 상황은 좀 복잡하다. 그는 현 병원장과 의대 동기이고, 내과 과장의 선배지만 학사자격증만 있다. 의학사를 마치고 국가고시를 통과해 의사면허를 받았다. 수십 년 전에는 이 나라에 수련의 제도가 없었으니 의사로서는 결격사유가 없다. 그는 내시경을 선배의사의 어깨너머로 배우기도 하고 혼자 공부하면서 익혔다. 나이로 보나 연륜으로 보나 센터 소장이 내과 과장이 될 만했는데 그렇게 되지 못한 데엔 이유가 있다. 그가 일찍 정부조직원이 되지 못했기 때문이다. 센터 소장의 아버지는 건국 때 혁명 전사였다는데, 무슨 까닭이 있는진 모르겠지만, 오랜 수모를 겪은 후 50세가 넘어서야 조직원이 되었다.

내과 과장과 센터 소장은 라이벌이라 사이가 좋지 않았다. 나는 점심을 내시경실에서 해결하다보니 늘 센터 소장과 함께 점심을 먹었고, 내과 과장과는 저녁회식을 자주했다. 그럴 때마다 둘은 서로 질투하며 상대방을 깎아내렸는데, 나는 한마디도 동조하지 않았고, 남에게 전하지도 않았다.

두 사람에겐 공통점이 하나 있었다. 둘 다 '돈'을 좋아했다. 환자에게 불필요한 약을 처방하거나, 필요 없는 내시경시술을 하거나, 쓸 데 없는 일회용 소모품을 샀다. 이 나라의 구조가 잘못되었는지 이렇게 해야 월급보다 보너스가 많이 나온다. 이곳의 많은 의사들이 관례처럼 죄의식 없이 이렇게 했다. 이 문제를 가지고 그들이 나를 눈에 띄게 박해한 것은 아니지만, 나는 이런 행위를 보면서 그들을 못내 불편하게 생각했던 게 사실이다.

어느 날 아침, 묵상을 하다가 로마서 12장 14절 말씀이 가슴에 들어왔다.

"너희를 박해하는 자를 축복하라. 축복하고 저주하지 말라."

나를 격려하기 위해 한국에서부터 히말라야 고원까지 찾아오는 분들이 있다. 그분들과 맨 먼저 하는 것은, 내가 사역하는 도시를 걸으면서 하는 기도다. 세월이 지나고 보니 이 기도에 주님은 참으로 많은 응답을 주셨다. 자욱하게 먼지가 이는 길을 인파에 이리저리 휩쓸리면서 속으로 기도하며 걷다보면 보통 한나절 이상이 걸린다. 그중 현지 정부를 위한 기도도 있다. 사람들이 간과하고 있는 사실이 있는데, 이 나라는 기독교를 핍박하는 데 있어 세계 여러 나라 중에서도 무서운 상위순위의 국가다.

종종 사람들에게 이런 질문을 받을 때가 있다.

"요즘 같은 글로벌 시대에 예수님 이름을 듣지 못한 지역이 있나요? 사막이나 정글에서도 인터넷이 될 텐데요."

모르는 소리다. 기독교를 전하기는커녕 성경을 배포할 수조차 없고, 예수님의 이름을 들어보지도 못한 나라와 지역들이 아직도 얼마나 많은지 모른다. 예수님을 믿는다는 이유로 살해당한 순교자가 현대에 들어서 가장 많은 숫자 7,100명을 기록한 때가 바로 최근인 2015년이라면 믿겠는가? 나는 주님의 말씀에 따라 이 나라를 위해 기도하고 축복한다.

"각 사람은 위에 있는 권세들에게 복종하라. 권세는 하나님으로부터 나지 않음이 없나니 모든 권세는 다 하나님께서 정하신 바라"(롬 13:1).

그래도 이 나라에 대한 감사기도 제목이 있다. 현지 정부가 1990년대부터 서서히 해외 기독NGO(비정부기구)에 문을 열어 가난한 사람들을 섬길 기회를 주고 있다는 것과, 비록 국가공인 교회지만 정부가 합법적인 예배장소를 주어 복음을 들을 수 있는 기회를 허락했다는 것, 그리고 지난 20년간 경제가 성장하고 공공의료가 향상되어 결핵, B형 간염 등이 현저하게 줄어들었다는 것이다.

이 나라를 위해 지속적으로 간구하는 기도도 있다.

첫째, 위정자들이 뇌물을 받지 않고 정직하기를.

둘째, 더 많은 개발 사업에 정부가 문호를 개방하기를.

셋째, 200만이 넘는 장애인들에게 선교사들이 합법적으로 다가갈 기회가 더 많이 생기기를.

넷째, 의료보험이 활성화되어 가난한 농민에게 혜택이 많이 가기를.

다섯째, 더 많은 전문인선교사가 쓰임받을 수 있도록 국가가 허락하기를.

여섯째, 정부가 가정교회를 박해하지 않기를.

이삭의 우물을 떠올렸다. 그랄 땅에 살던 이삭이 강성해지자 그 땅의 주인 아비멜렉은 크게 시기하고 질투했다. 이삭에게 그 땅을 떠나게 하고 우물을 빼앗았다. 그들과 충분히 싸울 힘이 있던 이삭은 조용히 양보하면서 하나님의 뜻을 기다렸다. 이삭의 이야기를 읽다가 발견한 점이 있다. 그는 한마디도 아비멜렉과 블레셋 사람들을 저주하지 않았다. 농경사회에서 물보다 더 중요한 것이 있을까? 그 우물들을 세 번이나 빼앗겼는데도 이삭은 싸우지도 않고 원망하지도 않았다. 아비멜렉은 그 모습에서 여호와가 이삭과 함께하심을 인정했다. 그들이 화친을 맺으러 왔을 때, 이삭은 그들을 위해 잔치를 베풀고 평안히 돌아가게 했다. 그래서 얻은 우물이 브엘세바다.

이삭의 이런 너그러움은 어디서 나왔을까? 창세기 21장에 보면 아버지인 아브라함 때도 아비멜렉에게 우물을 빼앗긴 적이 있었다. 그러나 아브라함은 싸우지 않았다. 그때 아비멜렉이 화친을 하러 와서 아브라함에게 한 말이 있다.

"네가 무슨 일을 하든지 하나님이 너와 함께 계시도다"(창 21:22).

아브라함은 화친을 맺고 그곳의 이름을 브엘세바라고 칭했다. 맹세의 우물이란 뜻이다. 이삭은 아마도 이 첫 번째 브엘세바 우물에서 물을 마셨을 것이다. 싸우지 않고 도로 찾은 이 우물을 보며 이삭은 저주 대신 축복으로 이웃 사랑하는 법을 배웠을 것이다. 이는 십자가 위에서 자신을 죽이는 사람들을 용서하시는 예수님의 사랑이다.

나는 내과 과장과 센터 소장을 위해 기도하기로 마음먹었다. 내가 아니면 그들이 평생 복음을 들을 기회가 없을지도 모른다는 생각이 들었다.

긍휼히 여겼더니

그들을 위해 기도하고 묵상을 했던 이틀 후였다. 국제우체국에서 책이 왔다는 연락이 와서 가보았다. 소포는 이미 뜯겨 있었다. 모든 책자는 종교서적이 있는가 하여 다 검열하기 때문이다. 소포의 내용물은 영문 의학잡지 원본 몇 권이었다. 그 안에는 국제학술지에 채택된 내 논문이 실려 있었다. 오랫동안 원했던 국제학술지에 등재된 논문이었지만, 기분이 묘했다. 논문에는 내 이름과 함께 교신저자(corresponding author)로 내과 과장의 이름이 적혀 있었다.

우체국에서 가져온 국제학술논문집을 내과 과장에게 주었더니, 그는 무척이나 감격했다. 반면에 센터 소장은 나에게 바보라고 비난했다.

"내과 과장이 기여하지도 않은 선물저자(present author)인 걸 다 압니다. 그는 당신을 이용해서 승진 도구로 쓸 겁니다."

아마 논문에 자기 이름은 넣어주지 않아서 더 화가 났겠지만, 나도 반박할 말이 떠오르지 않았다. 내가 아침에 집을 나설 때마다 운동화 끈을 묶으며 하는 기도가 있다.

"주님, 제가 이곳에서 언제나 가난한 이웃과 함께하는 즐거움을 주옵소서."

그런 내가 부자인 내과 과장을 즐겁게 하는 도구로 쓰이는 건 아닌지 자괴감이 들었다.

착잡한 심정으로 내시경실로 돌아왔더니 전화벨 소리가 요란하게 울렸다. 응급실에 들어온 환자가 새벽부터 점심이 될 때까지 계속 피를 토하는데, 담당 레지던트의 말로는 빈혈에 알부민 수치가 낮고 복수가 차 있는 듯 해 간경화 합병증으로 인한 식도출혈 같다고 했다. 생명이 위험한 것 같아 빨리 내시경실로 환자를 옮기라고 했지만, 담당 의사는 보호자가 돈을 원무과에 지불하지 않아 안 된다고 했다. 돈이 없으면 치료조차 못 받는 허울뿐인 이곳 의료보험에 진저리가 났다.

내가 잠시 병동에 간 사이에 보호자가 어디선가 돈을 구했는지 환자가 내시경실로 옮겨졌다. 센터 소장이 내시경으로 환자를 보다가 급히 내게 도움을 청했다. 위의 상부 혈관이 터져 있었다. 간경화 환자에게 이런 상황은 절망적이다. 빨리 혈관을 굳게 하는 약물을 출혈 혈관 안에 투여해야 한다.

내시경실이 분주해졌다. 내가 컨트롤타워를 맡고, 센터 소장이 시술을 시작했다. 센터 소장이 보호안경을 쓰지 않은 것을 보고 말하려는 순간, 간호사가 주입한 약이 고압력으로 튀어 센터 소장의 눈에 들어가고 말았다. 내 왼쪽 팔에도 주사액이 상당히 묻었다. 피부가 따갑기 시작했다. 이 주사액은 주사기에서 나온 직후 바로 굳는 물리적 특성이 있어 눈에 들어갔을 경우 잘못되면 실명에 이를 수 있다. 전부터 시뮬레이션을 할 때 보호안경을 쓰라고 누누이 경고했지만, 안전 매뉴얼을 따르지 않아 인재가 발생하고 말았다.

센터 소장과 간호사는 놀라서 아우성이고, 지혈은 실패했다. 환자의 혈관에선 피가 계속 솟구쳐 위 안은 피바다가 되었다. 맥박과 혈압은 떨어져 의식이 이미 오락가락했다. 레지던트에게 센터 소장을 빨리 안과로 데려가라 하고 남은 인력과 함께 시술에 들어갔다.

하나님의 은혜였다. 어려웠지만, 내 말을 잘 따라준 보조간호사가 침착하게 혈관 내로 약물을 정확하게 주사해 지혈이 잘 되었다. 환자의 맥박과 혈압이 안정되기 시작했다. 위세척을 하고 내시경으로 확인을 하니 정말 만족스럽게 시술이 되었다.

  환자를 중환자실로 옮기자마자 센터 소장이 걱정되어 안과 외래 수술실로 가보았다. 시술 중 눈에 튄 약물은 센터 소장의 오른쪽 눈동공에서 약 3밀리미터 떨어진 흰자에 엉겨 붙었는데 수술로 잘 떼어낸 상태였다. 안과 의사는 이런 경우는 처음이라면서 도대체 무슨 약을 썼길래 소장의 눈을 멀게 할 뻔했냐고 나를 비난했다. 이 약으로 얼마나 많은 사람을 살려낸 줄은 모르는 모양이었다. 하여튼 센터 소장은 실명을 면했다.

  그는 정말 놀란 눈치였다. 아프기도 하고 겁도 났는지 낯빛이 하얗게 질려 있었다. 환자들에게 바가지를 씌우고 자기 명예를 위해서라면 무슨 일이든지 하는 미운 사람이었지만, 양 눈이 빨갛게 충혈된 채 넋을 놓고 앉아 있는 모습을 보니 한없이 안쓰러웠다. 내시경 의사가 실명하면 그보다 더 큰 재앙이 어디 있겠는가.

  눈시울이 뜨거워졌다. 나도 모르게 그를 덥석 안으며 큰 소리로 말했다.

  "하나님이 당신을 지켜주셨습니다."

  위험한 행동이었다. 종교가 금지된 나라에서 많은 의사와 간호사, 환자들이 분주하게 들락거리는 간이수술실에서 공개적으로 하나님의 이름을 부르고 말았으니 말이다. 그것도 남의 눈에 잘 띄는 흰 가운을 입은 채. 하지만 내 마음은 진심이었다. 비록 센터 소장이 출세를 위해 무신론을 정강으로 하는 국가단체에 조직원으로 가입했을망정 이 영혼을 하나님께서 축복해주셨으면 하는 소원이 내게 있었다. 주님은 내게 그의 행동을 정죄하지 말고 가엽게, 긍휼히 여기라고 하셨기 때문이다.

그 일이 있은 후로 센터 소장은 나만 보면 즐겁게 맞이해주었다. 자기와 술 한 잔만 멋지게 마셔주면 교회도 같이 갈 수 있다고 농담도 던졌다. 자기 아버지도 선교사가 세운 중학교를 나왔는데, 기독교교리가 그렇게 나쁜 것이 아니라며 내 어깨를 툭 치기도 했다.

그에게는 미국 대학에 진학하고 싶어하는 고등학교 3학년 아들이 있었다. 돈이 넉넉지 않은 센터 소장은 학비보조를 받을 수 있는 대학을 원했다. 내가 적절한 기독교대학을 찾아내 그곳 입학사정관에게 편지를 써서 입학할 수 있게 해주었다. 단, 조건이 있었다. 이 학생이 6개월 이상 교회에 다녔다는 것을 두 명의 그리스도인이 보증해야 학비보조를 받을 수 있었다.

"미리 보증서를 써주면 안 될까요?"

센터 소장은 아들이 교회에 다니기도 전에 보증서를 써달라고 부탁했지만, 나는 단호히 거절했다. 그의 아들은 내가 섬겼던 교회의 영어 선생인 야안이 정직하게 6개월간 교회에 데리고 다닌 후에 보증서를 받을 수 있었다. 센터 소장은 그 후에 늘 고맙다고 인사를 했다. 자기 아들이 성경과목 점수가 좋지 않다고 걱정을 하면서. 부디 인애하신 예수님께서 센터 소장과 그의 아들의 심령에 역사해주시리라 믿는다.

2014년, 두 번째 본국사역을 지내고 다시 선교지로 들어가려 했는데, 우려했던 대로 비자가 거절되고 말았다. 한 달간 잠을 못 잤다. 주님을 향한 내 열정의 모든 것과 내 모든 사랑이 다 그곳에 있는데 돌아가지 못하니 꿈속에서도 그곳의 산천과 형제자매들이 보여 하염없이 울다가 깨기도 했다. 나를 의사다운 의사로 만들어준 시골의 환자들, 넝마주이 친구들, 공동체 동역자들, 나의 가장 사랑하는 형제 닥터 요셉이 눈에 아른거렸다.

그래도 나는 견딜 만했다. 선교사로서 주님의 뜻을 따르기로 했기 때문이다. 하지만 어릴 때부터 선교지에서 교육을 받고 자란 우리 아이들은 그곳이 진정한 집이었다. 그 집으로 돌아가지 못한다고 하니 아이들은 삶의 뿌리가 뽑힌 것 같은 충격을 받고 우울해했다.

다음 선교지를 정하기까지 나는 한국에 있는 외국인 근로자 사역을 하기로 했다. 그동안 내 선교사역을 후원해준 임영국 원장의 병원에서 화요일, 목요일마다 무료 진료실을 차렸다. 토요일은 지역교회에서 외국인들을 대상으로 상담과 진료를 하고, 주일에는 다민족교회에서 사역을 도왔다.

그러던 어느 날, 선교지의 대학병원 내과 과장이 한국으로 나를 찾아왔다.

"정 선생, 모두 정 선생이 다시 우리 병원으로 와주길 바라고 있습니다."

두 번째 왔을 때는 의사면허 발급처 처장까지 데리고 와서 같이 식사를 했다. 면허 발급처 처장은 내가 다시 온다면 행정 절차를 간소화해서 쉽게 면허를 내주겠다고 약속했다. 내과 과장은 정부로부터 소화기내과 학위 프로그램을 허가받았는데 교원이 부족하고, 또 많은 레지던트들이 나를 기다리고 있다며 다시 들어오라고 했다. 나도 정말 그들이 그리웠다. 숱한 밤을 새우며 같이 환자들을 돌보고, 강의를 했던 병원이었다.

내과 과장이 혼자 있을 때 나는 그에게 솔직하게 물었다.

"과장님, 저를 청빙하는 이유가 그것이 전부입니까?"

그는 잠시 침묵하더니 담담하게 말했다.

"한 가지 더 있습니다. 정 선생, 나도 이제 나이가 들어가니 내가 무엇을 하고 살아야 할지 다시 한 번 생각하고 있습니다. 병원장이나 고위관료가 되어도 인생의 중요한 것을 놓치며 산다면 무슨 유익이 있겠습니까. 혹시 나도 정 선생과 같은 일을 할 수 있을지요? 혹시 다시 우리 병원으로 오신다면 전에 말씀하셨던 성경공부를 한번 해보고 싶습니다. 내 어머니는 내가 그렇게 만류하는데도 종종 교회에 나가고 계십니다. 나 혼자 성경을 읽어보았는데 그렇게 감동이 오진 않네요. 내가 아직 길을 못 찾고 유리방황하는 걸까요? 정 선생이 가르쳐주면 뭔가 달라질까요?"

동생 아벨을 살해하고 하나님의 낯을 피해 에덴의 동쪽에 정착한 가인이 살던 땅이 '놋'이었다. 놋은 유랑을 의미한다. 나도 예수님을 몰랐을 땐 이리저리 방황하며 인생의 뭔가를 찾아 헤매지 않았던가? 내과 과장도 지금 자신이 인생의 진정한 목적을 잃고 방황 중임을 알게 된 것이다.

결국 나는 사랑하는 선교지로 돌아가지 않기로 결정했다. 하나님께서 막으시는 것으로 알고 다음 사역지를 찾아보고 있다. 혹시 내가 다시 돌아가면 나와 관계된 현지의 형제자매들이 위험하게 될 수도 있기 때문이다.

지금도 내게 긍휼의 마음을 품게 하신 하나님께서 놋 땅에 거주하는 내과 과장과 센터 소장을 에덴으로 불러주시길 간절히 기도하고 있다.

우리를 도와주세요

본국사역을 맞이해 뉴욕에서 공부하고 있는 큰딸 에스더를 만나러 가족과 함께 갔다. 에스더는 긴 방황을 그치고 잘 성장하고 있었다. 수년간 에스더를 위해 기도해주신 동역자들의 기도를 주님이 들어주신 것 같다.

뉴욕에는 아프리카 선교를 마치고 맨해튼에서 간호사로 일하는 나의 오랜 친구가 있었다. 나의 딸 이름과 같은 에스더였다. 마침 7월 4일이 미국 독립기념일이라 우리 가족은 그녀와 함께 허드슨 강변에서 불꽃놀이를 구경했다. 얼마나 많은 사람들이 모여들었는지, 적어도 사방 수 킬로미터 거리에선 몸을 돌리기도 어려울 지경이었다.

갑자기 옆에 있던 사람들이 소리를 질렀다. 한 흑인 할머니가 쓰러진 것이다. 미국 의사면허가 없는 나는 머뭇거렸다. 에스더 간호사는 나를 쳐다보며 말했다.

"미국에는 사마리아인법이 있어요. 위기에 처한 사람을 도운 사람은 혹시 잘못되어도 법적으로 책임을 지지 않아요. 그러니 도와야 합니다."

얼른 달려가 흑인 할머니를 진찰했다. 당뇨성 저혈당으로 인한 쇼크 같았다.

"과자가 있으면 이리 주세요."

내가 소리를 쳤다. 어떤 사람이 과자를 건네주었다. 쓰러져 있는 환자의 입을 벌려 강제로 씹게 했다. 금세 할머니는 의식을 찾았다.

그제서야 한숨을 돌리려는데 어떤 여자가 또 고함을 지르며 급히 내 쪽으로 왔다.

"여기 의사가 있나요?"

그 여자와 같이 인파를 헤치며 50미터 정도 가보니 이번에는 어떤 백인 할머니가 길에 쪼그려 앉아 있었다. 맥이 약하고 몹시 빨리 뛰었지만 아직 의식은 있었다.

"어지러워서 어떻게 할 수가 없어요."

저혈압에 의한 쇼크 같았다. 옷가지와 가방 등으로 누울 자리를 만들어 안정을 취하게 했다. 옆에 있는 사람에게 911을 불러달라고 했다. 하지만 구조대가 수많은 인파를 뚫고 이곳에 도착하려면 시간이 많이 걸릴 것 같았다. 할머니에게 말을 걸면서 물을 마시게 하니 조금씩 상태가 호전되었다. 잘못하다간 사람들 사이에서 깔릴 수도 있겠다 싶어 내가 할머니의 팔을 붙잡고, 할머니의 남편은 뒤에서 부축해서 조금 한가한 곳으로 천천히 걸어 나왔다. 할머니는 평소 고혈압을 앓고 있었는데 한여름 무더위에 오래 서 있느라 탈수가 온 것 같았다.

"당신이 곁에 있어(being with me) 얼마나 감사한지 모릅니다. 당신은 천사입니다."

상태가 정상으로 돌아오자 할머니가 나를 붙들고 말했다.

"의사로서 할 일을 했습니다. 하나님께 영광을. 주님이 당신을 축복하시길."

할머니 부부는 웃으면서 돌아갔다.

뉴욕에서 이 일을 겪은 후, 나의 정체성과 내가 추구하는 공동체관의 핵심에 대해 다시금 생각해보게 되었다.

"난 무엇을 위해 사는(doing) 존재인가? 아니면 무엇이 되는(being) 존재인가?"

돌이켜보면 나는 늘 무엇을 해야 하는 강박관념에 사로잡혀 살았다. 나는 늘 뭔가를 했다. 밤에도, 휴가 중에도 뭘 하지 못하면 조바심에 시달렸다. 비자가 거절되어 선교지로 돌아가지 못하게 되자 이제 아무 일도 할 수 없게 되는 건 아닐까 하여 전전긍긍했다.

'한국으로 돌아가 그냥 의사로 살아가야 하나? 아니면 선교본부에서 행정 일을 할까?'

그런데 주님은 내가 무슨 일을 하는지가 아닌 나의 존재에 대해 묻고 계셨다. 맨해튼 불꽃놀이를 보러 왔다가 쓰러진 두 사람을 도우면서 내가 무슨 일을 하든 결국 나는 주님의 기쁨을 위한 존재임을 깨닫게 하셨다.

밤에 바울은 환상을 보았다. 마케도니아 사람 하나가 서서 그에게 마케도니아로 건너와 우리를 도와달라고 청했다. 주님도 십자가를 지기 전 겟세마네의 밤에 조용히 성부 하나님의 품 안에서 존재의 시간을 가지셨을 것이다. 슬픔과 고통, 하지만 십자가 후의 부활 승천을 통한 성령님의 임재로 우리의 삶이 주님과 연합되어가는 과정을 고통 가운데 조용히 묵상하셨으리라.

"우리를 도와주세요."

주님은 목자 잃은 양 같은 인류의 고통에 귀를 기울이셨고, 바울은 바다 건너 이방인의 절규를 들었다. 나는 지금 누구의 절규를 듣고 있는 것일까? 비자를 거절당했다고 낙심했던 나는 마케도니아를 마주보는 인생의 바다에서 주님과 바울을 생각했다.

"주여, 저의 믿음 없음을 용서하옵소서. 저로 주님을 모르는 사람들의 절규를 듣게 하옵소서. 주님의 인도하심을 듣게 하옵소서. 주님, 제 안에 계심(being)을 감사합니다. 저도 늘 당신 안에 있게(being) 하옵소서. 제가 무엇이든, 무슨 일을 하든 주님께 기쁨의 존재가 되게 하옵소서. 아멘."

음식물의 재탄생 - 유문

유문은 위에서 소장으로 가는 문지기라는 뜻이다. 위에서 잘게 부서져 소장이 소화하기 쉬운 크기로 줄어든 음식물만 보내고, 소장으로 이미 내려간 음식물 특히 산성을 띤 소화물들은 다시 위로 올라오지 못하게 막아주는 역할을 한다. 유(幽)는 심산유곡처럼 아주 깊은 산속의 으슥한 곳을 뜻한다. 깊고 어두운 곳으로 떠나는 음식물의 처지에서 보면 매우 적절한 설명이다. 유문을 통과한 음식물은 이제 돌아올 수 없는 길을 건넌 셈이다. 구약성경의 요나가 물고기 뱃속에서 다시 살아 나온 것을 볼 때, 요나는 아직 물고기의 유문을 통과하지 않았으리라 여겨진다. 위는 무슨 음식이 들어오든 간에 펩신 등의 소화효소로 걸쭉한 반고체로 만들어 소장으로 보낸다. 펩신은 헬라어로 부드럽게, 잘 익히는, 열이나 발효, 그리고 요리의 방법으로 변화를 일으킨다는 뜻인데, 위를 지나며 음식물이 근본적으로 변화됨을 적절히 설명해준다. 한마디로 누구도 인지할 수 없는 펩신은 음식물이 들어오면 자동으로 분비되어 음식물을 변화시켜 원래의 형태와 성질을 완전히 바꿔 영양분을 추출할 수 있게 해준다.

뭐가 잘못된 걸까?

선교지에서 나는 언어공부를 오랜 시간에 걸쳐 열심히 했다. 첫 1년 반은 일상언어를 배웠고, 그 다음에는 학교에 다니면서 가정교회 지도자와 함께 현지어로 된 성경을 읽고 기도하고 전도하는 선교의 언어를 배웠다. 마지막으로는 현지 의과대학 부속병원에 학생으로 등록해 1년여간 실습학생처럼 의학용어를 익혔다. 이런 나를 어떤 사람들은 "뭐 그럴 것까지야 없지 않나?"고 의아해했고, 어떤 사람들은 "대단해요" 하면서 칭찬했다. 하지만 이곳 의과대학 학생과 주임은 내게 다른 의도가 있는 것은 아닌지 의심했다.

"한국에서 박사급으로 공부한 당신이 무엇 하러 이곳 의과대학에서 학생들과 함께 공부하려는지요? 혹시 다른 목적이 있습니까?"

학생과 주임의 말은 이곳 정부를 대변하는 공적 질문이다. 대답을 잘못하면 추방당할 수 있었다. 나는 정직하게 대답했다.

"저는 우리나라에 있을 때부터 다른 나라에서 의료 지식을 함께 나누고 싶은 꿈이 있었습니다. 마침 한 국제단체가 이 지역에서 일하는 것을 추천해주어 기본적인 현지 언어 공부는 마쳤습니다만, 의사로서 환자들을 진료하고 동료 의사들과 소통하기 위해선 의학용어까지 알아야겠기에 의대에서 공부하려고 합니다. 부탁드립니다."

내가 겸손하게 부탁하자 그녀는 감동을 받는 것 같았다. 학생과 주임은 내가 소속되어 있는 곳이 선교단체이며 현지에 비정부기구로 등록되어 있다는 사실을 잘 알고 있었다. 며칠 후 합격통지가 왔다.

나는 부족한 언어능력으로 수업을 듣는 것보다 실습학생들처럼 부속병원에 가서 모든 과를 2-4주 정도씩 돌면서 1년 동안 임상진료 언어를 공부했다. 시간이 지나자 현지 병원에서 쓰는 용어에 많이 익숙해져 "어디 아프세요?"라고 물을 수도 있고, 간단한 처방전도 쓸 수 있게 되었다. 내심 자랑스러웠다.

내가 있던 선교지에는 미국인 의사가 운영하는 빈민 진료소가 있었다. 정확히 말하면 장애인과 넝마주이들을 위한 간이 진료소였다. 정식 허가는 받지 못했지만 정부의 묵인 아래 운영되고 있었다. 이곳에는 의사가 늘 부족했다. 현지어를 조금 할 수 있게 되자 나는 일주일에 두 번씩 이곳에서 진료를 하기로 했다.

첫날, 부푼 기대를 안고 진료소에 앉아 있었다. 그동안 언어공부만 하느라 내 청진기는 거의 녹슬 지경이었다. 드디어 첫 번째 환자가 들어왔다. 나는 "주님 감사합니다"라고 기도하며 그를 맞았다.

불행히도 그는 내가 진료할 수 없는 환자였다. 병이 깊어서가 아니었다. 그와는 말이 전혀 통하지 않았다. 그 다음, 그 다음…… 그날 찾아온 환자의 대부분은 시골에서 온 다양한 소수부족들이었다. 그들은 현지 주민등록증을 가지고 있지만 학교를 다니지 못해 표준어를 하지 못했고 부족어만 썼다.

낭패였다. 현지인들과 소통하며 멋진 의사가 되고 싶어 지난 3년 반을 언어공부에 매달렸는데 진료 첫날부터 제대로 된 진찰을 할 수 없다니. 이곳 의과대학에서 최초로 임상실습을 한 외국인 의사라고 칭찬도 들었고, 기본 생활언어는 물론 성경을 쓰고 전도와 설교까지 가능해 자타가 공인하는 준비된 의료선교사로 기대를 받던 내가 막상 꼭 필요한 곳에서 아무 일도 못하는 사람이 되고 말았다.

다행히 넝마주이 진료소에는 중고등학교 정도를 졸업한 아주 헌신적인 현지인 자매가 비서로 근무하고 있었다. 그녀가 이해 못하는 환자들의 방언은 같은 혹은 비슷한 부족 출신의 친구에게 전화까지 해서 통역을 해주었다.

첫날 땀을 뻘뻘 흘리며 진료를 마치고 집에 돌아온 나는 털썩 주저앉았다. 지난 3년 반 동안 날마다 자전거를 타고 학교로, 가정교회로, 부속병원으로 다니며 최선을 다해 현지 언어를 배운 보람이 없었다. 통역이 없으면 진찰도 어렵고, 약을 처방하고 그 약의 복용법을 환자들에게 설명해주기도 불가능했다. 더 기운을 뺀 것은, 내가 아무리 좋은 약을 처방해도 그 약이 이곳에선 살 수 없거나 매우 비싸 가난한 넝마주이들에겐 아무런 도움이 되지 못한다는 사실이었다.

내가 소속된 국제선교단체의 모든 기관은 전통에 따라 매일 기도로 하루를 시작했다. 아침에 출근해서 기도회를 갖고 여러 행정 일을 처리했다. 나도 한때 재정 담당자로 일했다. 선교사들의 한 달 생활비, 월세, 교통비 등을 잘 연구하여 선교회 본부에 현지 물가를 보고하는 것이 내 임무였다. 1년에 네 번 구체적으로 업데이트를 하면 이 자료에 근거해 선교비가 책정되었다.

이 업무를 2년 동안 하다 보니 마음에 짐이 되었다. 단기팀들이 오면 사역을 소개하고, 같이 밥을 먹는 일과 지방으로 가게 되면 여관이나 식당 등을 예약하는 일을 했다. 그나마 현지어가 가능한 단기선교팀이 오면 나는 별로 할 일이 없어 우두커니 앉아 있기 일쑤였다.

넝마주이 진료소에선 말이 안 통해 답답했고, 선교회 사무실에선 할 일이 마땅치 않아 지루했다. 선교편지에도 마땅히 쓸 말이 없었다.

'나는 왜 한국에서 잘 하던 병원까지 그만두고 여기까지 왔나? 바보처럼 살려고 왔나?'

주님의 부르심을 받고 의료선교사로 눈부시게 일하고 싶었다. 현지인처럼 완벽하게 언어를 구사하며, 패기 있게 젊은 의사들을 교육시키고, 가정교회도 성공해서 많은 제자들을 거두고 싶었는데…….
'도대체 뭐가 잘못된 걸까?'

부드럽게 갈아지는 훈련

별의별 생각이 다 들 무렵, 다른 지역에 있는 동료 의료선교사로부터 자기가 있는 곳에 와서 단기 교육을 해보는 게 어떻겠냐는 연락이 왔다. 그렇지 않아도 숨통이 막힐 것 같았는데 좋은 기회였다. 그 의료선교사는 유럽에서 온 마취과 의사였다. 그는 이곳에서도 벽촌인 군 의료원 비슷한 곳에서 진료도 하고 지역사회개발도 하며 복음을 전하고 있었다. 내가 보기엔 정말 대단한 선교사였다. 그는 현지 위생학교 학생들을 교육하는데 같이 실습을 지도하자고 했다. 위생학교는 일반 고등학교 대신 가는 학교로서, 졸업하면 의료기관이 없는 두메산골에 들어가 간단한 예방접종 등을 하는 의료보조인을 기르는 곳이었다.

한나절이 걸려 동료 선교사가 사는 시골에 도착했다. 그는 시장에 가서 돼지껍데기를 사다가 학생들에게 자르고 꿰매는 봉합술을 가르칠 것이라고 했다. 대학병원의 레지던트들에게 수준 높은 내과전공과 최신 내시경 술기를 지도해야 하는데, 의대 실습생과 인턴 시절에 하던 봉합술을 가르치려니 참 기분이 묘했다. 그러나 막상 교육이 시작되자 교실 안 열기가 점점 뜨거워졌다.

책상 위에 검은 비닐포를 깔고 대여섯 명의 학생들이 한 조가 되어 돼지껍데기 한 장씩을 두고 메스로 자르고 실로 봉합하는 연습을 반복했다. 성형외과에서 쓰는 복잡한 봉합이 아닌 이마나 팔뚝이 찢어지면 꿰매는 아주 단순한 봉합술이었지만 학생들은 정말 진지했다. 나도 속옷까지 흠뻑 젖을 만큼 열심을 다해 가르쳤다. 시간이 휙 지나 저녁이 된 줄도 몰랐다. 학생들은 질문이 많았다. 졸업하면 당장 상처를 꿰매야 하는데 큰 도움이 된 것 같다고 했다.

그 주간은 참 행복했다. 일주일간의 실습교육을 마치고 집으로 돌아왔다.

얼마 후, 그곳 선교사가 내가 봉합술을 가르치던 장면을 사진으로 찍어 보내왔다. 사진 오른쪽엔 키가 큰 내가 구부정하게 서서 뭔가를 학생들에게 가르치고, 나를 둘러싼 대여섯 명의 학생들은 눈빛도 초롱초롱하게 내 말을 경청하고 있었다. 그중 가장 흥미로운 인물은 우리들 뒤편에 조그맣게 찍힌 정체불명의 중년 남자였다. 사진 속에서 그는 우리를 보고 활짝 웃고 있었다. 병원이나 학교 관계자는 아닌 것 같은데, 나의 강의에 처음부터 끝까지 앉아 있던 사람이었다. 혹시

경찰일 수도 있겠다는 생각이 들었다. 외국인들이 자주 오지 않는 시골에 낯선 사람이 와서 강의를 한다니 정부 방침에 어긋나는 소리를 할까 봐 감시 차원에서 왔던 모양이다. 그런데 그 사람조차 파안대소를 하며 내 강의를 듣고 있었다. 그 사진은 내게 묘한 감동을 주었다.

    한국에 있는 후원자들이 나에게 거는 기대는 대단했다. 성공적인 개업의가 선교지로 갔으니 아마도 엄청난 복음의 열매를 맺을 것이라고 했다. 사실 돈을 조금 못 번 것 외에는 그리 큰 영광을 포기한 것도 아니었지만, 나도 이런 소리를 들으면 은근히 자부심을 느낀 건 사실이다. 일개 내과의사가 모든 병을 치유하는 것도 아니건만, 현지 의사들에게 내과와 내시경을 잘 가르치고, 환자들도 사랑으로 잘 치료해서 기독교를 경계하는 당국으로부터도 인정받고 싶었다. 나도 현지에 나간 지 얼마 안 돼, 세례 교인이 줄을 잇고 가정교회를 몇 개나 세웠다는 내용으로 멋진 선교편지를 쓰고 싶다는 숨은 열망이 있었다. 언젠가는 이 작은 고원도시를 떠나 대도시로 가서 이 나라 최고의 브레인들이 될 영향력 있는 대학생과 청년들에게 감화를 주고 싶었다. 하지만 내가 처한 현실은 스크린세이버 때문에 깜깜해진 노트북 화면처럼 아무것도 보이지 않았다.

    그런데 그 사진 한 장은 하나님께서 내게 원하시는 바가 대단히 크고, 위대하고, 굉장한 것이 아니라고 말하고 있었다. 한나절 걸려야

그 사진 한 장은 하나님께서 내게 원하시는 바가 대단히 크고, 위대하고, 굉장한 것이 아니라고 말하고 있었다. 한나절 걸려야 도착하는 산골마을에서 위생학교 학생 몇 명에게 돼지껍데기로 봉합술을 가르치면서 내가 얼마나 기뻐했는지를 보여주고 있었다. 그 기쁨의 현장에는 우리 주님도 함께하셨다.

도착하는 산골마을에서 위생학교 학생 몇 명에게 돼지껍데기로 봉합술을 가르치면서 내가 얼마나 기뻐했는지를 보여주고 있었다. 그 기쁨의 현장에는 우리 주님도 함께하셨다.

내 안에 은밀히 자리 잡고 있었던 사람 눈에 보이는 성공적인 사역들을 향한 허영심과 내가 꽤 괜찮은 의료선교사라는 자부심이 슬며시 가라앉기 시작했다. 나는 내가 하는 어떤 사역으로도 예수님을 제대로 전할 수 없는 사람이었다. 오직 나의 작아진 모습으로만 그분을 전할 수 있는 존재였다.

나는 주님의 손안에서 부드럽게 갈아지고 있었다.

조금 작은 날갯짓

내가 일하는 대학병원으로부터 한참 떨어진 고원에서 사역하는 외국인 간호사가 환자 한 분을 보내겠다는 연락을 해왔다. 열아홉 살 산촌 총각 싸만이 아픈 몸을 이끌고 이틀 거리의 길을 걷고, 작은 승합차와 경운기, 그리고 버스를 갈아타고 내시경센터로 왔다.

내시경 접수실의 직원이 나를 부르는 소리가 평소와는 달리 뭔가 깜짝 놀란 목소리였다. 가서 보니 흔히 보는 환자의 모습이 아니었다. 낯빛은 창백하고 어두웠으며 키는 175센티미터 정도인데 매우 말랐고

배는 큰 수박 한 덩이가 들어 있는 것만큼 부풀어 있었다. 청년은 그 배를 감싸 안고 있었다. 그 몸으로 어떻게 여기까지 올 수 있었을까.

싸만에게는 냄새가 심하게 나서 내시경센터에 있는 의료진들이 다 코를 싸매고 피해 나갔다. 평소 환자들을 진찰하던 간호사실로 들어갈 수 없어 센터 가장 안쪽, 고장 난 기계들을 두는 곳에 싸만을 앉혔다. 싸만 역시 부족어만 할 수 있어 통역을 불러왔다.

진찰을 시작했다. 체중은 45킬로그램이었다. 배를 만져보니 복수가 가득 차 있었다. 복수를 뺀다면 그의 체중은 40킬로그램도 안 될 것 같았다. 복수가 흉강과 복강을 구획하는 가로막을 눌러 폐가 압박되는지 숨도 헐떡였다. 배가 불러 지난 3개월 동안 거의 먹지 못했다고 한다. 죽만 먹어도 토해서 물과 미음으로 연명했다고 하니 그 고통이 말로 다 할 수 없었을 것이다.

환자를 진찰하고 있는데 병원 책임 간호사인 뚜안이 굳은 얼굴로 다가왔다.

"정 선생님, 혹시 진료 중에 환자가 잘못되거나 죽으면 우리가 경찰 조사를 받게 됩니다."

환자를 받지 말라는 경고였다. 뚜안은 병동에 있는 간호사인데, 내가 내시경을 하면 급히 내 조수가 되어 옆에서 지킨다. 뚜안 역시 이곳의 1급 조직원이니 누군가의 지시를 받고 나를 감시하는 것으로 짐

작은 하고 있었다. 그녀가 환자를 받지 말라고 하면 나는 그 경고를 아주 무시할 처지가 못 되었다.

또 다른 한계도 있었다. 돈이다. 산골 부족민이 이런 비싼 병원에 오면 의료보험의 혜택을 받을 수가 없다. 이 병원에서 CT 한 번 찍는 데 한국 돈으로 30만 원 정도 든다. 싸만이 사는 곳은 현지인들도 가기 힘들 만큼 외진 마을이다. 나는 가봐서 아는데 이들 부족의 한 달 수입이 아마 만 원이 채 안 될 것이다.

갈등 끝에 레지던트 한 명을 불러 상황을 설명하고 어떻게 하면 좋겠냐고 의견을 물었다. 그의 대답은 간단했다.

"정 선생님, 평소 저희에게 사람의 생명이 가장 중요하다고 가르치지 않으셨습니까?"

그 의사도 정부조직원이었다. 나는 그의 말을 주님의 뜻으로 여기고 진료를 시작했다.

입원을 할 수 없는 처지라 초음파와 간단한 엑스레이, 피 검사를 하고 근처 여인숙으로 돌려보냈다. 엄청 심한 빈혈과 복수로 복부의 모든 장기가 보이지 않을 정도였는데, 검사를 해도 별것 아닌 것으로 나와 다음 날 복막 조직검사와 위내시경을 하기로 했다.

다음 날, 원칙적으로 복막검사는 수술실에서 복강경으로 해야 하는데 그냥 입원실 빈방에서 시행했다. 나에게 "사람의 생명이 가장 중요하다"고 답변한 레지던트가 조직검사 세트 등을 가져다주었다. 정식 접수를 하지 않고선 의료 기구를 가져올 수 없는 병원 시스템에서, 아마도 그 레지던트가 자기 돈으로 지불했을 가능성이 높았다. 그는 나를 보며 "걱정 마세요" 했다.

초음파를 할 때도 초음파실 부교수가 그냥 들어오라고 해서 돈을 내지 않았다. 모두 고마웠다. 생각 같아서는 진정제라도 투여하고 복막 조직검사를 하고 싶었으나 그렇게 할 수 없었다.

국소마취만 하고 싸만을 안아주었다.

"미안하다, 하나님이 너를 정말 사랑하신다."

그가 하나님을 믿는지는 모르겠지만, 주님의 사랑과 자비에 의탁해야 했다.

싸만의 배에 조직검사 기구가 들어가자 복수가 많이 튀었다. 그 레지던트가 뒷수습을 하느라 고생을 했다. 환자가 에이즈 양성이었다면 문제가 될 뻔했다. 나의 팔과 얼굴 여기저기에 복수가 튀었다. 병동 당직 간호사들도 수간호사에게 보고하지 않고 몰래 부속 기구들을 집어다주어 조직검사는 무사히 끝났다. 국소마취가 잘 되었는지 싸만도 큰 고통이 없다고 했다. 수액을 공급하면서 약 2-3리터의 복수를 뺐다. 혈압이 떨어질까 봐 걱정했으나 무사했다. 싸만은 많이 편해졌는지 병원에 온 후 처음으로 씩하고 웃어 보였다. 내 마음속에서 작은 날개짓이 기쁨의 에너지를 일으키고 있었다.

싸만에게서 떼어낸 조직을 보내고 다음 날 병리과에 알아보니 결핵이나 다른 요인이 발견되지 않았다고 했다. 이제는 위내시경을 볼 차례였다.

도단까지 가는 길

내시경실 간호사 나나가 고맙게도 돈을 받지 않았다. 원래 나나 간호사는 처방전 발급에 굉장히 민감했다. 이 병원, 아니 이 나라의 시스템은 본봉보다 상여금이 높다. 내시경 시행 숫자에 따라 내시경실 직원의 급여가 달라진다. 내시경 한 건 한 건에 자신들의 상여금이 달려 있으니 그들이 과민해질 수밖에 없었다. 내가 결제하겠다고 하자 나나 간호사가 그러지 말라고 했다. 처음 있는 일이었다. 책임간호사인 뚜안은 여전히 못마땅한 얼굴로 나를 보조하면서 위내시경을 끝냈다. 뚜안 간호사의 불만지수가 올라갈수록 나의 불안지수도 같이 올라갔다. 위내시경 결과로도 뚜렷한 원인이 나타나지 않았다. 결국 대장내시경까지 하기로 했다.

　대장내시경은 해본 사람은 알겠지만, 내시경 자체가 힘들기보다는 그 전 단계가 힘들다. 환자가 적어도 검사하기 반나절 이상 전에 몇 시간에 걸쳐 4리터에 달하는 약물을 마셔야 한다. 싸만에게 약물 반 컵을 주고 마시게 했더니 금방 그보다 더 많은 양의 물을 토해버렸다.

약물을 마실 수 없다는 뜻이었다. 뚜안 간호사의 눈꼬리가 더 사납게 올라가 붙었다. 당국에 고발을 할까 봐 나도 겁이 났다.

그날 오후, 내시경실 반쪽을 나 혼자 차지하고 싸만에게 간단한 관장만 한 채 대장내시경을 했다. 모든 의사와 간호사들이 다 도망을 갔다. 그 냄새가 이 글을 읽는 독자들에게도 전달될까 두렵지만, 정말 독하고 참기 힘든 냄새였다. 그래도 한 명은 남아서 나를 도와줘야 했다. 바로 책임간호사 뚜안이었다. 아마도 정치국에서 절대로 내게서 떨어지지 말라는 지시를 내렸는지도 모른다. 어쨌든 대장을 깨끗하게 비우지도 않고, 복수도 가득한 싸만은 조금만 내시경을 진행해도 아프다고 고통을 호소했다.

에어컨도 없는 그 내시경실 구석에서 두 시간 가량 대장내시경을 했다. 검사 도중 싸만이 혹시 위험에 처할까 봐 산소와 링거를 주고 자주 혈압을 쟀다. 수면유도제나 마약진통제라도 주고 싶었지만, 혈압이 너무 낮아 겁나서 주지도 못했다.

내 온몸은 땀에 젖었다. 그 더위에 에어컨도 없는 곳에서 마스크까지 썼으니 숨이 막힐 정도였다. 손이 오염되어 안경도 추어올리지 못하고 평소 앓던 디스크 때문에 다리에선 쥐가 났다. 우여곡절 끝에 내시경으로 겨우 대장의 말단인 맹장까지 도달했으나 아무 이상을 발견할 수 없었다. 여기서 그만 포기할까, 생각했다.

'그만하면 됐다. 최선을 다하지 않았나?'

내 온몸에도 싸만의 배설물 냄새가 배어들었다. 피곤하기가 이루 말할 수 없었다.

난관에 봉착할 때는 늘 세겜에서 도단까지 가는 요셉을 생각한다. 아버지 야곱은 요셉에게 집이 있는 헤브론에서 80여 킬로미터 떨어진 세겜에 가서 형들과 양떼가 다 잘 있는지 보고 오라고 했다. 아마 사흘 정도 걸리는 길이었을 것이다. 요셉이 세겜에 도착해보니 형들이 없었다. 어떤 사람이 말하기를 형들이 도단으로 떠난 것 같다고 했다. 도단은 세겜에서 24킬로미터 떨어진 곳으로 다시 하룻길을 가야 했다.

아무리 성경을 읽어봐도 야곱은 요셉에게 세겜에 가라고 했지 도단까지는 말하지 않았다. 그러나 요셉은 망설임 없이 도단으로 떠났다. 만약 요셉이 도단에 가서 형들을 만나지 않았더라면 노예로 팔리지도, 죽을 고생도 하지 않았을 것이다. 그러나 종말론적 역사를 볼 때 이 사건이야말로 그리스도를 예표하는 메시아적 예언이 아니었던가.

나는 가끔 요셉이 왜 그 불확실한 여정을 계속했을까, 생각한다. 아마도 아버지 야곱의 마음을 헤아렸기 때문일 것이다. 부족시대 수많은 위험이 도사리는 광야에서 양을 치던 열 아들의 안위를 걱정하는 사랑하는 아버지 야곱을 위해 요셉은 도단으로 갔을 것이다.

두 시간 동안 싸만의 대장내시경을 하느라 피곤에 지쳤지만, 나도 도단까지 가기로 했다. 성령 안에서 최선을 다하라는 주님의 묵시였고, 싸만을 사랑하는 하나님의 심정을 알고 있었기 때문이다.

맹장을 지나 소장으로 진행한 지 얼마 되지 않아 새끼손가락 마디 절반 정도의 혹을 찾아냈다. 그 혹에서 조직검사와 결핵검사를 시행했다. 그때까지 싸만의 생명을 지켜주신 하나님께 감사드렸다. 싸만은 통증으로 괴로워하기보다 오히려 감사하는 표정이었다. 검사가 끝나자 그는 나에게 고개를 끄덕여주었다. 괜찮다, 라는 뜻이었으리라.

조직검사 결과, 결핵으로 나왔다. 소장결핵이 림프샘을 막아 그 압력으로 복수가 그렇게 많이 생겼으리라는 가정에 도달했다.

요셉은 꿈을 꾸는 사람이었다. 나도 꿈을 꾸지 않았다면 이곳까지 오지 않았을 것이다. 하나님을 알지 못하는 사람들에게 예수님의 피 묻은 십자가의 사랑을 진심으로 전하고 싶었다. 이곳 정부가 비자를 내줄 때마다 종교적 행위를 조심해야 한다고 혀에 재갈을 물리고, 책임간호사가 내 일거수일투족을 감시할망정 나에게는 그런 꿈이 있었다. 그러나 꿈을 꾸는 자에게는 구덩이에 던져지는 절망이 따라오는가보다.

병리실에서 결핵이란 결과가 나왔고, 여인숙에서 나의 전화를 기다리고 있을 싸만에게 "확실한 병명이 나왔으니 이제 살길이 생겼습니다"라고 말해야 하는데, 차마 입이 떨어지지 않았다. 소장결핵의 치료는 잘 먹어야 하는데, 특히 고기 등 고칼로리와 단백질을 섭취해야 한다. 무엇보다 중요한 결핵약을 대개 1년 가까이 투여해야 한다. 그런데 지금 싸만은 물 한 모금조차 삼킬 수 없었다. 며칠 전 복막 조직검사 때 빼낸 복수는 그 사이에 다시 차버리고 말았다.

싸만을 병원으로 불렀다. 싸만의 그 퀭한 눈망울을 어찌 잊을 수 있을까? 그 눈망울 속에는 살고 싶어하는 간절함이 있었다. 나는 통역에게 내 말을 그대로 싸만에게 전해달라고 했다.

"싸만 씨, 당신에게 아주 중요한 말을 할 테니 잘 들으세요."

싸만이 희망이 살짝 깃든 눈으로 나를 쳐다봤다.

"싸만 씨, 저는 반드시 죽습니다."

통역인이 혹시 내가 싸만이 죽는다는 말을 잘못했나 싶어 다시 물었지만, 나는 그대로 전하라고 했다. 싸만 역시 자기가 죽는다는 말인가 하여 당황한 표정을 지었다.

"여기 당신 앞에 앉아 있는 이 외국인 의사는 죽습니다. 싸만 씨가 죽을지 안 죽을지는 모르겠고 이 의사는 죽습니다. 다만 언제 죽을지는 모르는 것이지요. 그런데 나는 지금 죽더라도 소망이 있습니다. 이 소망은 나를 지금까지 지켜주고 죽는 날까지, 아니 죽어서도 함께할 겁니다. 예수 그리스도로 인한 소망은 결코 쇠할 수 없습니다. 이 소망을 싸만 씨도 가졌으면 좋겠습니다."

다행히 그 자리에 책임간호사 뚜안은 없었다. 밖에서 혹시 엿들었을 수도 있지만, 나는 상관하지 않았다. 이것은 내 심장에서 나오는 소리였다.

사랑을 금하는 법은 없다

싸만에게 가족이 있느냐고 물었다. 어머니와 친남매들이 자기를 기다린다고 했다. 최선의 처방은 가족의 사랑이고, 약은 내가 준다고 했다. 단백질원을 먹어야 하는데 싸만은 먹을 수가 없어 주사로 맞아야 했다. 그것은 비용이 너무 많이 들고 오랜 시간이 걸려야 해서 가난한 싸만에겐 가능한 선택 방법이 아니었다. 고칼로리요 고깃덩어리와 같은 전지분유 깡통을 잔뜩 사서 올려 보낼 테니, 우선 푹 쉬고 먹을 수만 있다면 무엇이라도 먹고 먼 길을 힘내서 잘 돌아가라고 했다.

며칠 후, 싸만이 집에 무사히 도착했다고 외국인 간호사에게서 연락이 왔다. 나는 그녀에게 가루분유를 뜨거운 물에 개어서 마실 수 있을 때까지 마시게 하고, 적은 양의 결핵약부터 꾸준히 복용하게 하자고 했다. 정상 용량은 싸만의 체력으로 견딜 수 없었다. 외국인 간호사는 싸만의 어머니에게 약을 갈아서 복용하는 방법을 가르쳐주고 예수님의 도우심을 구하는 기도를 했다고 한다. 얼마가 지나고부터 소식이 더는 오지 않았다. 나도 싸만을 잊어갔다.

1년쯤 지났을 무렵, 그 외국인 간호사가 내가 사는 도시에 와서 사진 한 장을 보여주었다. 사진 속에서 어떤 건장한 청년이 밭을 갈고 있었다.

"싸만 형제 기억나세요?"

사진을 보고는 얼른 이름이 생각나지 않을 정도였다. 처음 내시경 접수실 앞에서 수박만한 배를 부둥켜안고 있던 냄새나고 비썩 마른 청년이 금방 떠오르지 않았다.

싸만 형제는 약을 먹은 지 반년이 되자 복수가 점점 없어졌다고 했다. 병원에 가서 피 검사할 돈이 없어 그냥 약만 먹고 있는데, 1년이 된 지금도 계속 약을 먹어야 하는지 그 간호사는 내게 물었다. 계산해보니 더 먹을 필요가 없었다. 사진 속 청년은 몸무게가 적어도 60킬로그램이 넘어 보였다.

인간은 이기적인가보다. 나는 싸만보다는 그 더운 날, 에어컨도 없는 내시경실 구석에서 악취가 진동하는 가운데 맹장에서 내시경을 그만둘까 하다가 도단까지 가라는 하나님 말씀에 순종했던 내 모습이 더 떠오르니 말이다.

싸만이 건강해졌다는 소식을 책임간호사인 뚜안에게 전했다. 사납고 늘 나를 감시하던 뚜안은 뜻밖의 말을 했다.

"정 선생님, 세상 어디에도 사랑을 금하는 법은 없는 것 같습니다."

정 선생님이 저희가 거들떠보지도 않는 그 산골 청년에게 진료하는 모습을 보면서 그 사랑을 누구도 막을 수 없다는 생각이 들었어요. 내시경실에서 저 혼자 남아서 선생님 보조를 했잖아요. 그 냄새는 정말 끔찍했어요. 사실 이것은 비밀인데, 저도 고등학교 때까진 성경도 읽고 교회에 가본 적도 있어요. 간호대학 다닐 때 정부조직원이 되어야 출세한다는 교수님 말씀을 듣고 조직에 가입했고, 조직원은 어떤 종교도 가질 수 없다고 해서 지금 이렇게 지내고 있어요."

그녀에게도 숨은 아픔이 있었다. 뚜안 간호사의 하나밖에 없는 아들 빠오는 천식발작으로 수없이 죽음의 문턱을 넘나들고 있었다. 자식이 죽음의 고비를 맞을 때마다 어머니인 뚜안도 신의 존재를 거부할 수 없는 것 같았다. 1급 정부조직원도 자식을 향한 어머니의 사랑을 이길 수는 없다. 하물며 하나님의 인간에 대한 사랑이야 더 말할 것도 없다.

"빠오를 위해 기도할게요. 아드님이 어려움 가운데서도 인생의 진정한 의미를 발견하고 건강해지길 축복합니다."

뚜안 간호사의 눈에 눈물이 맺혔다.

그 후, 나는 빠오를 진찰하고 주의사항을 주었다. 음악을 좋아하는 빠오에게 여러 관악기를 연주해보라는 조언을 했다. 빠오는 지금 관악기로 음악가의 꿈을 꾸고 있다.

뚜안 간호사는 누구보다도 좋은 나의 후원자가 되었다. 책임간호사까지 된 고위 간호사가 왜 외국인 의사의 보조간호사가 되었는지는 묻지도 않는다. 물을 필요도 없다. 그녀를 내 곁으로 보내신 이가 하나님이기 때문이다.

해달가죽 밑에 감춰진 성소

"아빠는 쇼맨십이 좀 심한 편인 것 같아요."

우리 아이들이 내게 한 말이다. 연휴가 시작되면 나는 일부러 수염을 깎지 않는다. 휴가 끝 무렵이 되면 덥수룩한 수염을 아이들 앞에서 자랑도 하고 셀카도 찍는다. 물론 아빠들의 공통무기인 까칠한 수염으로 아이들의 얼굴이나 팔뚝을 공격하기도 한다.

내게 뭔가 자랑할 만한 것이 있고, 또 그걸 누가 알아준다면 얼마나 즐거운 일이겠는가. 이런 자연스런 인간의 본성이 전도 방법도 될 수 있다. 성경에도 "이같이 너희 빛이 사람 앞에 비치게 하여"(마 5:16)라는 말씀도 있지 않은가.

일부러 티를 내지 않지만, 사실 내 안에는 사람들이 나를 알아주었으면 하는 마음이 있다. 언젠가 모교를 방문했더니, 한 노교수님이 나를 보시고 갑자기 고개를 깊이 숙이며 인사를 하셨다. 그리스도인도 아닌 분이었다.

"정 선생의 봉사정신을 높이 기립니다."

순간 당황해서 말렸지만, 내 안에 숨어 있던 어떤 것이 꿈틀거렸다. 세상에, 난 그 꿈틀거림이 오래전에 죽은 줄로만 알고 있었다.

대학 시절, 내게 예수님을 가르쳐준 선교단체가 있었다. 그 모임 장소에는 정말 작은 화장실이 하나 있었다. 통풍도 잘 안 되는 곳에 있던 그 화장실은 언제나 깨끗하게 정리되어 있었다. 누군가 청소를 했을 텐데, 나는 거기까지는 관심이 없었다. 모임의 리더가 되고 나서야 몇몇 간사님들과 한 나이 많은 형제님이 한 일임을 알게 되었다. 그분들은 성경공부나 예배가 있기 전, 일찍 와서 깨끗이 청소하고 모임이 끝나면 사람들이 모두 가기를 기다렸다가 조용히 화장실 청소를 했다. 몰래 했다고는 할 수 없으나, 그들이 청소했다고 말한 적은 없다.

그 작고 누추한 성경공부 모임 장소를 생각하면, 늘 구약에 나오는 해달가죽에 덮여 있는 성막이 연상되었다. 시커먼 물돼지 가죽에 싸여 있는 성막은 겉으로는 볼품이 없지만 그 안은 하나님을 만나는 귀한 장소였던 것처럼, 가난한 학생들이 모이는 대학가 건물 3층 남루한 공간에는 이런 '감춰짐'으로 무장된 믿음의 용사들이 있었다. 해달가죽 아래 빛나는 성소 같은 그들 덕분에 작고 초라한 모임을 방문하는 누구도 예수님을 만나기에 부족함이 없었다.

내가 늘 마음속으로 자랑하고 중보하는 동료 노자매 선교사님이 있다. 미국에서 오신 60대 할머니인데, 정말 이름도 빛도 없이 섬긴다는 것이 무엇인지 보여주시는 분이다. 그분은 이 나라 산골마을의 열 가정 정도를 돕고 있는데, 놀랍게도 이 가난한 가정들이 인근에 버려진 고아들과 도움이 필요한 사람들을 모아 작은 공동체를 만들어 운영하고 있다. 노선교사님은 그들이 돕고 있는 가정 가운데 5년째 혈변으로 고생하는 환자 한 분을 내게 보내주셨다.

이틀 길을 걸려 병원에 온 따슈 씨는 40대 초반이었다. 혈변이 그저 치질 때문이라고 생각해 작년에 수술을 했는데 차도가 없다고 한다. 오래 피를 쏟아서인지 안색이 굉장히 창백했다.

대장내시경으로 보니 대장 전체에 크고 작은 궤양이 수십 군데에 걸쳐 있었다. 조직검사까지 확인한 후 처방을 내렸다. 이런 경우 치료는 그다지 어렵지 않다. 호르몬과 대장궤양 치료제, 그리고 빈혈약을 먹으면 된다. 호르몬은 오래 먹으면 안 되기 때문에 3개월 정도 쓰기로 하고 2-3주 동안 반응을 확인하기로 했다. 빈혈약은 적어도 반 년 이상, 대장궤양 치료제는 수년 간 복용해야 했다.

경과 관찰과 피 검사 확인을 위해 일주일 후 다시 만난 따슈 씨의 표정이 좋지 않았다. 역시 문제는 돈이었다. 따슈 씨는 농사를 지어 식량은 자급자족하고, 농한기에는 면 소재지에 가서 노동을 해 돈을 벌었다. 그나마 요즘은 불러주는 곳도 없다고 한다. 그의 평균 수입은 월 1-2만 원 정도였다. 병원까지 오는 경비와 진찰비도 감당하기 어려운데, 내가 처방한 대장궤양 치료제만 해도 약값이 월 20만 원 정도 들었다.

약값이 이렇게 비싼 것은 프랑스에서 수입한 약이기 때문이었다. 이 나라에서 만든 복제약이 있기는 했지만 그것 역시 상당한 가격인 데다 효과가 없을 것 같아 아무도 처방하지 않아 약 자체를 구하기도 어려웠다. 결국 프랑스에서 수입한 약을 지속적으로 복용할 수밖에 없다는 결론을 내렸다. 나는 수입약을 우리 병원에 공급하는 지역책임자에게 사정을 말해보기로 하고 담당자를 병원으로 불렀다.

그와는 안면이 있었다. 우리 병원의 내과 과장과 주임교수들이 회식에 초대받아 나가보면 늘 대신 계산해주던 제약회사 간부였다. 그렇게 비싼 약값에는 내가 얻어먹은 밥값도 포함되어 있었던 것이다.

가난이 개인의 게으름 때문일 수도 있고, 사회구조적 악 때문일 수도 있으나, 따슈 씨의 경우는 명백하게 후자였다. 제약사 간부에게 사정을 얘기하고 환자가 약을 오랫동안 복용해야 하니 약값을 싸게 해줄 수 없냐고 했더니 값을 깎아주었다. 그래도 감당하기 힘든 금액이었다. 따슈 씨를 돕는 미국 선교사님께 말씀드렸더니 그분도 고민을 하고 있었다. 이런 경우, 돈으로 얼른 해결해주면 좋을 것 같지만 현지인들의 자립을 위해 애쓰는 선교사들에겐 지혜가 필요했다. 물질로 돕기보다 더 어려운 게 사랑으로 돕기다.

의사인 나도 마음이 편치 않았다. 선교사님과 함께 기도하며 하나님의 도우심을 구하기로 했다. 선교사님은 자신의 정기 기도편지에 따슈 씨의 이야기를 적어 후원자들에게 보냈다고 한다.

얼마 후, 선교사님한테서 답장이 왔다. 그 안에는 하나님의 응답이 들어 있었다. 어떤 후원자가 보낸 편지라고 한다.

"제가 따슈 씨의 약값을 감당하고 싶습니다. 다만 제가 누구인지는 밝히지 않겠습니다. 알려고도 하지 말아주시기 바랍니다. 위해서 함께 기도합니다."

볼품없는 해달가죽으로 덮였던 아름다운 성소의 빛이 또 한 번 반짝였다.

따슈 씨는 서서히 회복되었다. 3개월 후, 다시 내시경을 해보니 많이 좋아졌다. 이제 호르몬 약은 끊고 다른 약도 간단해졌다. 6개월 후에 다시 보자고 하면서 따슈 씨를 보냈다.

따슈 씨가 병을 이겨낸 것은 좋은 약 때문만은 아니었다. 가족의 사랑과 알지 못하는 누군가가 그를 위해 매일 기도해주고 있다는 사실이 더욱 강력한 치료제가 되어 육신의 병을 빨리 이겨낼 수 있었을 것이다.

그의 가족사진을 본 적이 있었다. 산 절벽 가까운 곳에 어렵게 집을 짓고 노모와 아내, 두 아이들과 살고 있었다. 따슈 씨는 선교사가 돌보기 이전부터 그리스도인이었지만 중보기도에 대해선 체험하지 못했다. 그는 병을 통해 그리스도인들의 은밀한 사랑과 함께 남을 위해 기도하는 것의 능력도 알게 되었다.

매번 따슈 씨의 약이 떨어질 때가 되면 그 약을 주문하고 산골까지 보내는 일에 현지인의 도움이 필요했다. 레지던트 궈 선생에게 부탁을 했더니 성실하게 약의 주문과 발송을 도와주었다. 어느 날 그가 내게 물었다.

"정 선생님, 이렇게 비싼 약을 산골 농민이 어떻게 감당할 수 있습니까?"

국가조직원인 그에게 종교적인 이야기를 하는 것은 안전한 일이 아니었지만 거짓말을 할 수는 없었다. 소망에 관한 이유를 묻는 자에겐 대답할 것을 항상 준비하되 온유와 두려움으로 하고 선한 양심을 가지라는 베드로전서의 말씀에 의지해 이 모든 기적과 같은 일의 과정을 들려주었다.

몇 달 후였다. 따슈 씨가 사는 곳의 선교사님에게서 연락이 왔다.

"이번 달은 왜 약값을 청구하지 않으셨나요?"

무엇이 잘못되었나 싶어 약을 주문해주는 궈 선생에게 물었더니 그는 조금 망설이다가 이렇게 대답했다.

"정 선생님 말씀을 듣고 많이 부끄러웠습니다. 다른 사람도 아니고 우리나라 사람인데 제가 이 일에 가끔은 도움을 주도록 허락해주세요. 따슈 씨에게는 절대 비밀로 해주시고요."

내가 아는 한 이 나라의 레지던트 월급으로 그의 약값을 대는 것은 무리였다. 한국 돈으로 몇십만 원에 불과한 월급으로 한 집안의 가장인 그가 감당하기엔 어려운 후원이라고 내가 말렸다.

"괜찮습니다. 이번 달에 보너스를 탄 게 있어요. 아내도 이해해줄 겁니다."

닥터 궈는 얼른 자리를 피해 떠나버렸다.

그는 자주 자기 돈으로 약을 사서 따슈 씨에게 보냈다. 따슈 씨 마을의 노자매 선교사님을 닥터 궈는 '이모'라고 부르며 진심으로 존경을 표했다. 현지에서 연장자를 삼촌이나 이모라고 부르는 것은 혈육의 마음으로 영접했음을 의미한다. 닥터 궈는 선교사님이 돕는 가정들을 위해 약을 살 때면 도매상 약국에 동행해서 가격 흥정도 해주고 더 좋은 약들을 찾아주기도 했다.

세월이 흘러 내가 그 병원을 떠날 때가 되었다. 닥터 궈에게 내가 돌보던 여러 환자들을 부탁했다.

"걱정하지 마세요. 제가 최선을 다해 돌보겠습니다. 따슈 씨도요."

그 후로도 선교사님은 간혹 메일을 보내온다. 그 안에는 이름을 밝히지 않고 환자들을 돕는 닥터 궈를 늘 언급하신다. 그도 내가 근무하던 병원을 떠나 다른 병원으로 갔지만, 아직도 따슈 씨가 대장내시경을 할 때쯤이면 그를 불러 검사를 해주고 진료비를 받지 않는다고 한다. 닥터 귀는 얼마 후, 효능이 좋은 현지 복제약을 발견해 따슈 씨의 약값 절감에도 큰 도움을 주었다.

우린 누구이고 어디서 왔으며 어디에 속하는가?

우리 부부에게 선교사가 되어 가장 힘든 일이 무엇이었냐고 묻는다면 우리는 주저함 없이 대답할 수 있다.

"아이들을 기르는 일과 부모 역할입니다."

선교지에 들어와 처음 몇 해 동안은 새로운 언어와 문화를 배우느라 큰 어려움을 겪었다. 국제단체에 속한 우리 가족은 한국어, 영어, 그리고 현지어 삼중의 언어 문화권에서 좌충우돌했다. 이런 장벽들을 넘으면서 우리 가족은 낯설고 경계하던 현지인들을 서서히 하나님께서 창조하신 형상으로 바라볼 수 있게 되었다. 하지만 우리 가정은 한국적 사고방식과 현지 문화, 그리고 서양의 가치관이 늘 부딪치고 갈등을 일으키는 장소가 되어버렸다.

나는 보수적인 유교 전통의 교육을 받은 사람으로 질서가 가장 중요한 척도가 되는 전형적인 한국 남자다. 반면에 우리 아이들은 유년기와 청소년 시절을 선교지에서 보내면서 자연스럽게 현지와 국제문화권에 익숙해 있었다. 나는 그런 아이들을 가정 안에선 한국인으로 만들기 위해 애썼다. 이런 시도가 종종 잘못된 권위주의로 나타나 아이들은 큰 상처를 받았다.

선교사 특성상 이사도 잦았다. 이사는 아이들이 그동안 사귀었던 친구들과 헤어짐을 의미했다. 첫 본국사역을 위해 한국으로 돌아가는 비행기 안에서 아이 중 하나가 내가 평생 잊을 수 없는 자기 속내를 털어놨다.

"아빠 때문에 전 제가 속해야 하는 곳에서 늘 뿌리가 뽑히고 있어요. 전 어디에 속해 있고, 또 어디에 속해야 하나요?"

아이는 나에게 가족은 무엇이고, 가족의 기원과 예수님의 보혈 사이에 무슨 관계가 정립되는지에 대해 진지한 철학적 질문을 던져주었다.

본국사역 동안 공부를 하면서 가계도를 연구할 시간이 있었다. 나의 조상들을 살펴보니 놀랍게도 대부분의 남자들이 50세를 넘기지 못했다. 어린 시절 일찍 죽은 사람도 꽤 있었다. 자살자도 몇 명 있었고, 심질환과 중풍 등 혈관질환자도 많았다. 남자어른들은 매우 완고했고 훈육이나 가정폭력도 다반사였다.

우리 아버지는 가난한 집안의 둘째 아들로 태어나셨다. 아버지는 교육을 많이 받지 못했지만, 일찍이 북만주로 가서 일을 하실 정도로 진취적인 분이었다. 아버지의 큰 형님이 일찍 돌아가셔서 실제로는 맏아들에 종손 역할, 그리고 사업까지 하느라 스트레스가 많으셨는지 늘 서랍에 가득 들어 있던 초록색 수면제를 드셨다. 내가 학교에 들어갈 무렵 아버지는 중풍에 걸려 식물인간처럼 누워 계시다가 돌아가셨다. 49세였다.

아버지는 유교적인 인품이 있으셨다. 평생 어머니나 자식들을 부를 때도 존대를 하셨다. 우리 집에 거지가 들어와도 상을 차리라 하고 "식사하고 가십시다" 하고 경어를 쓰셨다.

중풍에 걸리고 식물인간이 되어 누워 계실 때도 나는 매일 아버지와 눈으로 대화를 했다. 아버지가 돌아가시고 나서 더 이상 이야기를 나눌 수 있는 아버지가 없다는 사실에 나는 어마어마한 상실감을 느꼈다. 중고등학교 시절, 나는 삶과 죽음, 인생이 무엇일까 고민하면서 내가 태어날 즈음, 아버지가 심으셨다는 마당의 포도나무와 대화를 했다. 아버지는 당신이 일찍 돌아가실 줄 미리 아신 것처럼 막내아들인 나를 불꽃처럼 사랑해주셨다. 머리가 희끗해진 지금도 나는 아버지가 내게 부어주신 그 뜨거운 사랑을 느낄 수 있다.

나의 정서적 해부를 위해 휘튼대학 기독교교육학 교수인 스코티 메이가 고안한 '가족 저녁식사 테이블'(family supper table, Scottie May at Family Ministry, Wheaton, IL, U.S.A.) 프로그램을 이용했다. 나는 그 교수에게 여러 과목을 수강했다. 그중 하나인 가정사역 과목은 우선 가계도부터 시작하는데, 그 일환으로 '가족 저녁식사 테이블'을 활용

한다. 나는 학령기 전, 초등학교 고학년, 그리고 청소년기의 우리 집 저녁밥상을 회상해보았다.

어릴 때, 아버지는 아들 셋만 따로 불러 안방에서 겸상을 하셨다. 누나들은 다른 방에서, 어머니는 아마도 부엌에서 대충 혼자 드셨던 것 같다. 초등학교 때 중풍에 걸려 식물인간이 되신 아버지는 콧줄을 통해 미음을 드셨다. 그때 난 무얼 먹었는지조차 기억에 남아 있지 않다. 아버지가 돌아가시고 난 후, 중고등학교 땐 작은 형과 누나들과 함께 식사를 했던 것 같다. 가난했지만 어머니와 항상 같이 식사를 했던 것이 기억난다.

나는 고등학교를 졸업한 후 재수 시절에 성경공부를 하면서 예수님을 진심으로 믿기 시작했다. 예수님을 믿고 제자가 되었어도 내 머리 한복판에는 공자(孔子)가 앉아 있었다. 나의 중심 어느 곳에는 어릴 때부터 익숙한 유교식 사고방식이 함께 있었던 것 같다.

나는 우리 세 아이들을 반드시 성경으로 가르치겠다는 결심이 있었다. 이것이 우리 가정에서 할 수 있는 육아의 가장 중요한 일이라고 생각했다. 매일 아침 가정예배를 드리고, 근면해야 하고, 신앙인으로서 명예를 지켜야 하고 등등 수많은 규율을 만들었다. 이런 규율이 꼭 성경적인 것만은 아니었다. 내 어린 시절부터 몸에 밴 유교적 질서에서 나온 것도 있었다. 나는 이것이 옳다고 생각했다. 나중에 큰아이가 내게 반항을 하기 전까지는 말이다.

큰딸 에스더가 매일 드리던 가정예배를 싫어하기 시작했다. 고등학교에 들어가고서부터다. 나는 강제로 아이를 다그치고 체벌도 했다. 에스더가 내게 선언을 했다.

"아빠가 그렇다면 난 그리스도인이 되는 걸 포기하겠어요."

하늘이 무너지는 것 같았다. 나는 큰 충격을 받았다.

나는 천천히 주님이 내게 주신 순례자의 길을 아내와 함께 정직하게 묵상하기 시작했다.

나는 심히 모순된 존재였다. 밖에선 모든 사람들에게 헌신적이고 끝까지 참아주고 너그러웠지만, 우리 아이들에겐 그렇지 못했다. 깊이 회개했다. 성령의 도우심으로 가족모임에서 나의 지난 죄를 고백했다. 그리고 내 평생을 다해 주님이 주신 이 사랑스러운 가정 안의 양들인 우리 아이들을 섬기기로 결심했다.

대학 진학을 위해 우리 곁을 떠난 에스더는 1년 후에 편지를 보내왔다. 이메일이 아닌 우표가 붙은 진짜 편지를 말이다.

"그리스도를 위해 자신을 헌신한 아빠 엄마가 자랑스럽습니다. 저도 그 주님께서 저를 변화시켜주시길 기도하고 있어요. 어쩌면 조만간 세례를 받을지도 몰라요."

나의 가계를 돌아보며 전통과 기질과 병력을 조사한 것은 조상 탓을 하려는 게 아니다. 나는 내 가족의 뿌리를 들여다봄으로 나를 더 객관적으로 발견할 수 있었고, 정직과 정의라는 중요한 화두를 내게 심을 수 있었다.

아이들을 기르는 과정은 나의 연약함과 죄악 된 본성을 주님의 은혜 안에서 깨닫고 고백하는 계기가 되었다. 음식물이 유문을 거쳐 재탄생되듯 인간적으로 한없이 부족한 사람이었던 나는 세 아이들의 아비가 되어 새로운 인간으로 태어나게 되었다. 선교사 이전에 이것이 주님께서 나를 부르신 은혜 위의 은혜였다.

창자 INTESTINE 腸

척추동물의 소화관 중 위에 이어져 말단의 항문에 이르는 막으로 된 관이다. 크게 나누어 소장(십이지장, 공장, 회장)과 대장(맹장, 결장, 직장)으로 이루어져 있으며, 소화과정을 완성하고 신체에 수분, 전해질, 영양을 공급하며 분변의 이동과 배설을 수행한다.

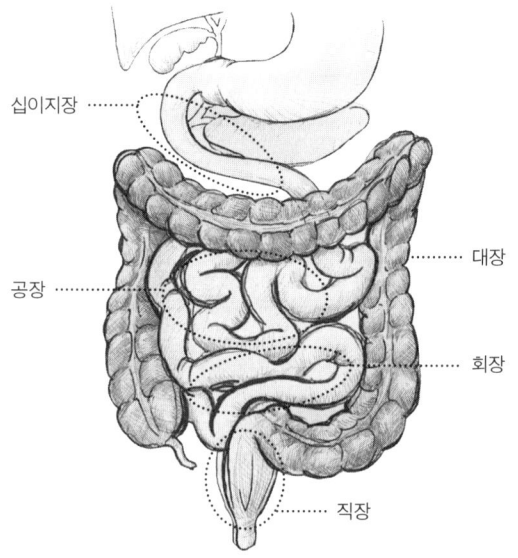

애꿎은 고난 - 십이지장

 십이지장은 글자 그대로 손가락 마디 열두 개 정도의 길이를 가진 소장의 일부다. 소장은 십이지장, 공장, 그리고 회장으로 이루어져 있다. 전체 소장의 길이를 6-7미터로 보았을 때, 12센티(통상 내시경으로 관찰되는 길이) 남짓한 이 작은 부분을 따로 명명한 데는 다 이유가 있다.
 십이지장은 네 부위로 나뉘는데, 처음과 두 번째 부위는 너무도 다양한 질병이 존재하여 소화기내과 의사들의 지대한 관심을 받는 곳이다. 음식물을 먹으면 쓸개와 췌장에서 동시에 소화효소가 나오는데 모두 십이지장의 두 번째 부위가 열리면서 나온다. 췌장과 쓸개관에서 발생하는 암이나 돌을 치료할 때 이 부위를 절개해 내시경을 집어넣어 치료한다. 소화기내과 영역에선 아주 중요한 의학적 진보지만 아무 잘못도 없는 십이지장으로선 이런 고난들이 억울할 만도 하다. 십이지장의 세 번째, 네 번째 부위는 불행히도 위내시경 기계가 닿지 않는 깊은 곳에 있어 출혈이나 암이 생겼을 때 발견하기 어려워 위급한 경우에 처할 때가 많다. 또한 십이지장에는 여러 종류의 기생충이 산다. 기생충 역시 십이지장이 잘못해서 생긴 게 아니라 그저 기생충이 들어와 살게 된 것뿐이니 이도 억울하다.

풀링 제도

후이 부부를 기억하는지. 저부 편, '사람은 빵만으로는 살 수 없다'에 나왔던 부부다. 성령의 뜨거움에 사로잡혀 대학 게시판에 성탄행사 포스터를 공개적으로 붙였다가 큰 위험을 불러올 뻔했던 그 후이 부부 이야기를 하려고 한다.

 후이는 우리가 사는 히말라야 고원에서 사흘 길을 가야 하는 대도시의 좋은 집안 출신의 남자다. 그곳의 한 작은 백화점 지배인으로 일하면서 안정된 생활을 하던 그는 사랑하는 여인 잉을 만나면서 인생의 롤러코스터를 타기 시작했다. 불신자였던 후이와는 달리 잉은 신실한 그리스도인이며 지하신학교를 졸업하고 이 나라의 수도에서 교사까지 한 재원이었다.

신자인 여자와 불신자인 남자의 결혼은 기독교 복음화율이 낮은 나라의 여러 선교지에서 흔히 만나는 문제다. 특히 여자는 예수님을 믿고 남자는 안 믿는 경우가 많아 교회 지도자들은 결혼 상담에 큰 어려움을 겪는다. 결혼이야말로 성경에서 정한 원칙이 있지만, 믿음이 있는 남자들이 거의 없는 현실에선 어찌해야 하는가? 그런 현실을 감안해야 한다는 것과 그럼에도 불구하고 하나님의 때를 기다리라는 성경의 가르침 사이에서 늘 고민이 되는 것도 사실이다.

어쨌거나 후이는 고향을 떠나 잉의 직장 근처에서 일하면서 둘의 관계가 꽤 진지해졌다. 불신자였던 후이는 잉의 기도 덕분인지 가정 교회에 출석하기 시작했다. 여기까지는 흔히 있는 청춘남녀의 이야기다. 문제는 후이가 덜컥 지하신학교에 등록을 하고 말았다는 것이다. 후이가 믿음이 있었는지, 아니면 여자친구 잉의 권유가 있었는지는 모르겠지만, 기독교를 적대시하는 후이의 집안에선 난리가 났다. 사실 후이는 고향을 떠나서는 안 되는 사람이었다. 주민등록 때문이다.

이 나라는 이사의 자유는 있지만, 주민등록을 옮기는 일에는 제한을 둔다. 주민등록은 교육과 의료에 핵심적인 역할을 한다. 자녀들의 학교 진학에도 지대한 영향을 미친다. 아무튼 후이가 여자를 따라 좋은 배경의 고향을 떠나는 것도 탐탁지 않았을 그의 부모님은 아들이 신학교까지 갔으니 상심이 클 수밖에 없었다. 그러나 후이와 잉은 많은 위기를 뚫고 결혼에 성공했다.

후이의 신학공부가 어느 정도 되었을 무렵, 부부는 전혀 살아본 적 없는 한 대학도시에 선교사로 떠났다. 얼마나 아름다운 일인가! 예수님을 알지 못하던 남자가 신실한 아내를 만나 주님을 영접하고 선교사까지 되어 복음을 전하러 떠난다는 것이. 그러나 문제는 이들을 파송한 현지 교회와 외국인 단체가 이들 부부의 사정을 여러모로 고려치 못했다는 데 있었다.

후이 부부는 오로지 주님만 의지해서 낯선 도시로 갔다. 이 말은 물질적 후원이 상당히 부족한 상태로 파송되었음을 뜻한다. 후이 부부는 곧 먹고살기도 어려운 지경에 빠지고 말았다.

사람들은 선교를 이상적으로 생각한다. 하나님께서 선교사들에게는 필요한 것들을 친히 공급하시리라는 막연한 생각을 한다. 물론 우리 선교회의 전신인 중국내지선교회의 원칙 가운데는 이런 것이 있다. "재정을 위해 구하지 않으며, 빚을 지지 않는다. 오직 하나님만 바라본다."

그러나 이런 원칙도 있다.

"전체의 믿음 생활에 있어 풀링 제도(pooling system)를 채택한다."

풀링 제도란 한 선교사가 받은 후원액이 일정한 가이드라인을 넘는 경우, 남는 금액을 자기가 가질 수 없고 전체의 유익을 위해 쓰는 것이다. 즉 후원이 넉넉한 선교사는 남는 돈을 후원이 부족한 선교사를 위해 돌리는 것이다. 현재 이 풀링 제도는 다소 변경되었지만, 우리 선교회에 속한 대부분의 선교사들은 기본적인 의식주 유지에 있어 후원액수에 관계없이 서로에게 도움을 받는다.

   1997년 한국에서 IMF 외환위기가 터졌을 때, 우리나라 선교사들의 후원금이 절반 이하로 떨어졌다. 후원자들의 경제사정이 악화되기도 했고, 1달러당 800원 하던 환율이 거의 2천 원으로 올랐기 때문이기도 했다. 이때 한국 선교사들은 풀링 제도에 따라 다른 나라 선교사들의 도움으로 버텨낼 수 있었다. 나 역시 중간에 후원이 중단되어 개인적으로 어려운 적이 여러 번 있었으나 적어도 먹는 것과 아이들 교육비는 선교회 차원에서 도움을 받았다. 감사한 일이다.

우리는 실패해도

뜨거운 열정으로 선교사를 지원했으나 생활비는커녕 하루 먹을 것도 없는 가운데 후이 부부는 좌절했다. 예수님의 제자가 되기란 정말 힘든 일이었다.

   어느 추운 겨울날, 후이 부부는 자신들의 인생에서 예수님만 믿고 사는 이 실험을 중단하기로 거의 결정하고 말았다. 십자가에 달려 돌아가신 예수님을 보고 절망하여 다시 어부가 되기 위해 갈릴리로 돌아간 베드로의 심정이었을 것이다. 그러나 주님은 인간의 모든 소망이 사라지는 순간을 기다리신다. 그리고 숨겨두신 다른 희망의 문을 열어주신다.

내 친구인 클로시 선교사가 후이 부부를 만났다. 그는 목회상담을 통해 이들을 도울 수 있는 방법을 찾아냈다. 우리 교회에는 후이 부부와 같은 개척자 정신을 가진 현지인 리더가 필요했다. 후이 부부는 그렇게 해서 내가 사역하는 히말라야 고원까지 오게 되었다.

선교사들에겐 첫 번째 사역지가 정말 중요하다. 대개는 그때 자신의 모든 것을 100퍼센트 쏟아붓기 때문이다. 첫 번째 사역지에서 실패를 경험하면(사실 선교에 실패는 없다!) 깊은 좌절감에 선교사역을 그만두기도 한다.

다행히 후이 부부는 첫 번째 사역지에서 큰 고난을 겪었지만, 이곳으로 옮긴 후 그들이 대학가에 전한 복음의 위력은 대단했다. 부부는 매일 전도하러 나갔고 그 응답으로 수많은 대학생들이 몰려왔다. 후이 부부는 그동안 돈이 없어 미뤘던 아기도 낳았다. 후이 부부와 아기는 우리 모두의 즐거움이었다. 적어도 아이가 초등학교에 들어가기 전까지 말이다.

선교지에서 선교사들은 다양한 어려움을 경험한다. 대부분의 선교사들은 본인에게 닥치는 불행은 잘 극복한다. 내 주위에는 암이나 심한 질병에 걸렸거나 큰 사고를 당한 다음에도 이를 은혜로 받아들이고 더 힘차게 사역을 하는 선교사들이 많이 있다. 심지어 말기 암에 걸려 수술을 하고 몇 년씩 항암치료를 하고 나서도 웃으면서 사역지로 돌아오는 용사 같은 분들도 있다. 하지만 가족, 특히 자녀들에게 문제가 생기면 크게 좌절한다.

후이 부부의 딸아이 메이는 총명하고, 붙임성도 좋고, 예수님을 잘 믿는 참 훌륭한 아이였다. 그러나 학교에 들어갈 나이가 되었는데도 취학통지서가 나오지 않았다. 이 나라에선 취학통지서가 주민등록이 있는 지역에서 나오게 되어 있다. 메이의 취학통지서가 후이의 본가가 있는 곳으로 나온 것이다. 아이를 학교에 보내려면 후이 부부는 그곳으로 돌아가야 했다.

후이의 아버지는 이 나라에서 괜찮은 국영기업체의 중견사원으로 은퇴를 했고, 아직도 그 회사의 아파트에서 살고 있었다. 아파트 바로 옆에는 그 도시에서 가장 좋은 초등학교가 있다. 이 학교의 졸업생은 대부분이 명문 중고등학교로 진학하고, 그중 많은 학생들이 최고의 대학에 들어간다. 그 도시에 사는 사람들이나, 인근 몇 시간 거리의 학부형들은 자기 아이를 이 초등학교에 넣는 것이 인생의 목표가 될 정도였다.

주민등록 변경의 자유가 제한되어 있는 이 나라에서 후이의 딸이 학교에 들어가려면 모든 행정 절차는 고향에서 진행해야 한다. 후이의 아버지도 아들이 오랜 방황을 그치고 자기 곁으로 돌아오길 학수고대하고 있었다.

새 학기가 되었다. 후이는 내색도 하지 않고 전도하러 열심히 다녔다. 아내인 잉도 얼굴은 편치 않았지만, 여전히 교회에서 성경을 가르치고 있었다. 오히려 내가 안달이 났다. 후이 형제를 만났다.

"후이 형제님, 우리 중에 누구도 형제의 가정이 이곳에 와서 이룬 복음의 진보에 감격하지 않는 사람이 없습니다. 그러니 아이를 위해 고향으로 돌아가는 것을 한번 고려해봐야 하지 않겠습니까?"

그제야 후이 형제는 울면서 속사정을 털어놓았다.

"그 생각을 하면 하루에 열두 번씩 가슴이 먹먹합니다. 미안해서 차마 딸아이의 눈을 마주보지도 못합니다."

답답한 나머지 후이 형제는 근처 초등학교에 가서 사정 얘기를 하고 이곳에서 취학통지서를 받게 해달라고 했지만, 한 곳에선 법을 어길 수 없다며 거절했고, 다른 곳에선 뇌물을 요구했는데 그 액수가 너무 커서 감당이 안 된다고 한다. 교회에는 더 이상 경제적 부담을 주고 싶지 않다면서 그는 눈물을 흘렸다.

생각에 생각을 거듭해도 이 부부를 도와줄 아무런 묘수가 떠오르지 않았다.

믿음과 미신 사이

내가 의대에 다닐 때였다. 세상의 중력이 모두 나에게 쏟아지고 있다고 느낄 만큼 공부의 양이 많았다. 그때 나는 대학생 선교단체의 성경공부 리더였다. 다들 도서관에서 머리를 싸매고 공부하는데, 나는 매일 성경공부 모임에 갔다.

어느 날, 같은 교회의 선배가 나를 불렀다.

"너만 예수님 믿니? 네가 지금 당장 쏟아지는 의대 공부 대신 성경공부를 하러 가는 것은 믿음이 아니야. 미신이지. 너 이렇게 시간낭비하고 있는 것을 네 어머님이 아시니? 어렵게 학비를 대는 어머님께 지금 네가 하고 있는 일을 떳떳하게 설명할 수 있니?"

모임 장소로 가는 버스 안에서 그 선배의 말이 계속 귓전을 맴돌았다.

'그러게, 지금 내가 뭘 하고 있는 거지?'

어느 주말, 나는 시간을 내서 객관적으로 나 자신과 이 문제를 정직하게 평가해보기로 했다. 그리고 나와 같은 모임에 있는 형제와 진지하게 대화를 했다. 우리 둘은 같이 괴로워하다가 몇 가지 결론을 내렸다. 지금 생각하면 대학생다운 순수한 결론이었다.

"우리 중 누구라도 공부하는 일이 힘들어 성경공부를 그만두더라도 정죄하지 말자."

"성경공부를 열심히 하는 것이 천국에 들어갈 선결조건이 아님을 다시 한 번 확인한다."

"우리는 시간이 남아서 이 일을 하는 게 아니라 주님께서 때를 얻든지 못 얻든지 항상 말씀 전파에 힘쓰라 하신 디모데후서 4장 2절의 말씀에 순종하는 것이다."

"우리는 부모님께 이 일을 떳떳하게 말할 수 있을 만큼 공부를 더 열심히 하자."

사실 그 당시 우리 모임에는 신입생들이 많이 왔지만, 성경공부 리더를 할 사람이 부족했다. 그래서 나와 내 친구는 어렵더라도 이 길을 가야 한다고 믿었다. 작은 일에 순종하고 또 순종하면 모든 것을 아시는 주님께서 우리의 길을 인도해주시리라 확신했다.

후이 부부의 문제를 해결할 어떤 묘책도 없는 상태가 계속되었다. 어느 날 병원에서 내시경을 하는 날이었다. 그즈음 내과의 부과장인 쩐 선생이 내게 내시경을 배우는 데 열심을 내고 있었다. 요즘 이곳 소화기내과의 대세는 내시경을 잘하는 것이다. 예전에 이 나라에선 내시경을 의료기사가 전담했고 의사는 임상환자만 봤는데 이제는 시대가 바뀌어 의사가 내시경을 못하면 환자들이 거들떠보지도 않는다. 그래서 그런지 쩐 선생이 내게 밥도 잘 사주고 같이 놀러도 가자면서 참 살갑게 대해주었다.

나는 쩐 선생에게 후이 부부의 얘기를 했다. 내 말을 다 듣고 난 그는 잠시 생각하더니 자기가 도움을 줄 수 있을 것 같다고 했다. 후이 부부가 사는 대학가 근처에 우리 대학병원 분원이 있고, 그곳에 쩐 선생이 일주일에 한두 번씩 진료를 나간다는 것이다.

"아이가 들어가고 싶어하는 그 근처 학교가 어딥니까?"

"모모 초등학교입니다."

그는 빙그레 웃으며 어디론가 전화를 걸더니 큰 소리로 통화를 했다.

"친구, 요즘 모모 초등학교 조직대표가 누구야?"

이곳은 교장보다 더 높은 사람이 국가가 파송한 조직대표다. 쩐 선생은 나한테 며칠만 기다려보라고 하면서, 후이 형제에게 선물을 좀 사서 그 초등학교의 조직대표를 만나보라고 권했다.

주님은 이 일까지도 해결해주시기 위해 나를 이 대학병원에 보내셨는지도 모르겠다. 메이는 무사히 근처 초등학교에 들어갈 수 있었다. 쩐 선생은 후이 부부의 문제를 해결하고 몇 달 뒤에 다른 병원으로 전근을 갔다.

후이 부부의 딸 메이는 그 초등학교를 졸업할 때 대통령상을 받고 지금은 명문 중학교에 진학을 했다. 후이 부부의 무모해 보이는 신앙은 믿음으로 결론이 났다. 하나님은 그에 합당한 응답을 주셨다.

그리 아니하실지라도

후이 부부의 이야기가 해피엔딩으로 끝났기 때문에 이렇게 간증하는 것이 아니다. 사실 그 반대의 경우도 선교지에서 수없이 본다. 믿음으로 시작했고, 욥처럼 인내했으나 인간의 눈에는 아무 열매도 없고, 상처와 빈곤과 절망만 남은 경우도 있었다.

창세기의 야곱도 하나님 앞에서 열심히 살아보려 했지만 딸 디나가 강간을 당한 사건이 일어났다. 야곱의 아들들은 여동생이 당한 치욕을 보복하기 위해 이 일을 벌인 히위 족속들을 간계로 속여 살육을 저지른다. 부족의 숫자로는 비교할 수도 없이 열세인 야곱의 가족들은 몰살당할 위기에까지 이른다. 이 사건은 야곱이 그렇게 두려워하던 형 에서를 하나님의 은혜로 평화롭게 만난 후, 하나님 앞에서 단을 쌓고 엘엘로헤이스라엘(하나님, 나의 하나님)이란 신앙고백을 마친 바로 다음에 일어난 일이었다.

헌신적인 선교사들도 까닭 모르는 고난에 처하기도 한다. 나는 암으로 세상을 떠난 경건한 선교사 몇 분을 기억한다. 정신질환에 걸려 고난 중인 선교사들의 자녀들도 있다. 전도하러 가다가 교통사고를 만나 사랑하는 이를 잃은 분도 있다. 나도 개인적으로 의료사역을 하려고 우기 때 이동하다가 산등성이에서 봉고차가 미끄러지는 바람에

아찔했던 경험이 있다. 차에서 내려 해발 3천 미터 고지에서 아래를 내려다보니 등이 서늘했다. 여기서 굴러 떨어져서 죽었다면 시체조차 찾지 못했으리라. 맨 먼저 사랑하는 아내 생각이 났다. 만약 아내가 내 시신을 찾으러 여기까지 왔다가 까마득한 골짜기 속 짐승의 밥으로 변했을 내 시신조차 수습할 수 없다면 과연 무슨 생각을 할까? 그럼에도 불구하고 주님께 영광을 돌리고 사역을 계속할까? 아니면 주님을 원망하고 선교사역에서 떠나게 될까?

목사요 신학교수인 제럴드 싯처는 단기사역을 마치고 돌아오는 길에 교통사고를 당한다. 노모와 아내, 딸이 그 자리에서 사망했다. 그에겐 아무 잘못이 없었다. 술 취한 인디언이 몰던 차가 중앙선을 넘어와 벌어진 참사였다. 싯처 목사는 『하나님 앞에서 울다』 서문에 이렇게 썼다.

"나는 내가 사랑하는 세계를 잃어버렸지만, 은혜에 대한 깊은 인식을 얻었다. 이 은혜가 나로 내 삶에서의 나의 목적을 명확하게 했으며 또한 매순간의 경이를 다시 발견하게 했다."

주님의 사역을 하다보면 후이 부부의 선교 초기 시절처럼 한 끼 먹을 것도 없어 굶주릴 때도 있고, 일이 잘 풀려 자녀가 근처 좋은 초등학교로 들어가는 기적 같은 일이 일어나는 때도 있다. 주님 앞에서 최선을 다했다고 생각했는데 본인이나 자녀들이 고난을 겪으면 우리는 주님께 그 이유를 수백 번 묻고 또 물은 후에야 그 안에 두신 의미를 겨우 배워갈 수 있는 것 같다.

여호와 하나님은 위기에 처한 야곱에게 말씀하신다.

"일어나 벧엘로 올라가서 거기 거주하며 네가 네 형 에서의 낯을 피하여 도망하던 때에 네게 나타났던 하나님께 거기서 제단을 쌓으라"(창 35:1).

이에 야곱은 자기 집 사람과 자기와 함께한 모든 자에게 이방 신상을 버리고 자신을 정결하게 하고 의복을 바꾸고 벧엘로 올라가자고 한다. 거기서 "내 환난 날에 내게 응답하시며 나의 가는 길에서 나와 함께하신 하나님께 제단을 쌓자"고 한다. 야곱이 그들이 지니고 있던 이방 신상들을 상수리나무 아래에 묻고 떠나자 하나님은 사면 고을들로 크게 두려워하게 해서 야곱과 그 아들들을 추격하는 사람이 없게 하셨다.

무슨 일을 당하든지 결론은 신앙의 회복이다. 어려울 땐 먼저 고난 당하신 주님을 생각하고, 그 후엔 서로 그 고난을 짊어지라는 주님의 명령일지도 모른다.

고난에 두신 하나님의 뜻을 완전하게 이해할 수는 없다. 하지만 그 은혜로 나를 주님 앞에서 정직하게 돌아보고, 하나님께서 주신 사랑을 다시 발견하게 될 것이다.

십이지장은 몸의 다른 부분을 위해 고난을 감당한다. 그런 십이지장이 나는 사랑스럽다. 내시경으로 십이지장을 들여다볼 때 나는 고난을 당하는 동역자들을 생각한다. 그들을 위해 간절하게 기도하면서.

"만일 한 지체가 고통을 받으면 모든 지체가 함께 고통을 받고 한 지체가 영광을 얻으면 모든 지체가 함께 즐거워하느니라"(고전 12:26).

봄꽃 같은 소식

10년 전쯤의 일이다. 고향의 초급대학을 졸업하고 교사를 하던 란은 2년을 더 공부하기로 하고 내가 사역하던 도시로 와서 대학에 편입했다. 마침 그 대학에는 한국인 교수가 우리말을 가르치고 있었다. 란은 선택과목으로 한국어를 공부하다 그 교수의 소개로 우리 가정교회에 오게 되었다. 란은 성경공부를 하면서 신앙이 놀랍게 성장해나갔다. 1년이 안 되어 교회의 청년 리더가 되었다.

란에겐 제제라는 정혼자가 있었다. 충효사상에 입각해 반듯하게 성장한 청년인 제제의 철학은 국가와 일심동체였기에 직업도 국가공무원이었다. 제제의 아버지는 은퇴한 교장선생님이고, 란의 아버지는 수자원공사의 이사였다. 두 사람의 아버지들은 열렬한 정부조직원이었다.

2년이 지나 란은 대학을 졸업하고 고향에 돌아가 교사를 계속하게 되었다. 당연히 미뤘던 제제와의 결혼식도 올려야 했다. 이 지역의 문화에 따르면 정혼은 이미 결혼한 사이라는 뜻이고, 결혼식은 일가친척들에게 공표하는 자리였다. 양가는 바쁘게 결혼식을 준비하고 심지어 둘을 위한 신혼집도 준비해둔 상태였다.

그러나 란은 고향으로 돌아간 후에도 결혼식을 미뤘다. 대신 매년 제제를 데리고 교회수련회에 왔다. 란의 고향에서부터 기차를 타고 하루를 와야 하는 거리였다. 그렇게 둘이 수련회에 참석한 것이 4년이 되어가고 있었다.

란이 무엇을 고민하는지 잘 알고 있는 나는 수련회 때마다 제제와 같은 방을 썼다. 제제는 나를 형이라고 부르며 잘 따랐고, 나도 그를 참 좋아했다. 어느 날, 제제가 나에게 말했다.

"형, 전 란을 사랑하고 좋은 가정을 이뤄 자녀도 낳고 싶은데 란은 저와 결혼을 해주지 않아요. 제가 예수를 믿지 않기 때문이래요. 저는 란이 믿는 예수는 믿어지지도 않고, 특히 저의 조국을 배신할 수는 없어요. 형도 알다시피 우리나라의 국시는 무신론이잖아요. 저의 부모님은 이제 파혼하자고 하십니다. 우리 고향은 작은 바닥이고 저희 결혼은 사람들의 큰 관심사지요. 왜 결혼하지 않느냐고 다들 난리입니다. 저는 란을 보호하고 싶어요. 중학교 때부터 싹튼 사랑을 이렇게 끝내고 싶지는 않습니다. 만약 결혼을 하면 란의 소원대로 우리 집에서 교회를 시작할 수 있습니다."

두 사람의 고향인 인구 200만 정도 되는 B부족의 중심도시에는 국가공인 교회 한 군데를 제외하고는 알려진 교회가 없었다. 오래전, 가톨릭 신부가 세운 성당 몇 군데가 시골에 흩어져 있을 뿐이다. 란은 성인이 되도록 단 한 명의 그리스도인을 만난 적이 없었고, 예수님에 대해서도 들어본 적 없는 아주 전형적인 소수민족 출신이다.

아무리 기도를 해도 제제는 회심할 기미가 없었다. 고민 끝에 란은 제제와 결혼식을 올리는 수밖에 없었다. 다행히 제제는 결혼하면 자신의 집을 교회로 열겠다는 약속을 지켰다. 우리 교회의 리더들이 매주 란의 집을 방문해 예배를 인도하기로 했다. 시동생이 같이 살긴 했지만, 란의 집이 교회로 사용되는 것을 반대하지 않았다. 성경공부는 사범대학 근처의 한 방을 얻어서 했고, 어렵지만 교회를 이끌어 갔다.

나는 본국사역 때 공부를 하기 위해 선교지를 떠나 미국으로 가야 할 일이 생겼다. 란은 나에게 이렇게 말했다.

"큰오빠(우리 교회에선 나를 큰오빠, 큰형으로 불렀다), 저는 불신자와 결혼해서 마음에 큰 짐을 지고 살고 있습니다. 큰오빠와 약속합니다. 앞으로도 예배를 쉬는 일은 없을 겁니다."

그러나 나는 비자가 거절되어 다시는 그곳에 돌아갈 수 없게 되었다. 최근 들려온 소식에 의하면 란의 교회는 많은 어려움을 겪고 거의 모든 사람들이 떠났다고 한다. 란의 아버지와 제제의 반대로 더 이상 란의 집에서 집회는 열리지 않게 되었다. 내가 섬겼던 도시의 가정교회도 리더들이 많이 부족해 란의 교회를 도울 수가 없다. 란은 한 달에 한 번만 모임을 갖고 나머지 시간은 집에서 가까운 데 사는 동역자 팡팡과 간단한 모임을 갖는다고 한다.

란의 동역자 팡팡도 고난 중에 있었다. 팡팡은 딸을 낳았는데 무슬림 시댁의 핍박이 있고, 복음에 적대적인 남편은 손찌검까지 한다는 가슴 아픈 소식이 들려온다.

란과 팡팡이 당하는 겨울 한파 같은 소식들 가운데서도 살짝 내민 봄꽃봉오리 같은 일도 일어나고 있었다. 내가 있던 선교지의 현지인 목사님으로부터 연락이 왔다. 세례를 집례하러 란의 모임에 가는데 그 세례를 받으려는 사람이 차이링 자매라고 한다. 나는 속으로 어찌나 놀랐는지 모른다.

"아니, 그 뺀질이 차이링 자매가 세례를 받는다고?"

란의 모임이 약해져 간다는 말이 들릴 때마다 누가 끝까지 남아서 그 모임을 지킬 것인가에 대해 두려운 마음으로 기도를 했는데, 꿈에도 생각지 않던 차이링 자매가 세례를 받는다니. 내가 기억하는 차이링 자매는 예쁘게 화장하는 데만 신경 쓰고 예배는 땡땡이치기가 일쑤였다. 그랬던 차이링이 최근 신앙이 많이 성장했다고 한다. 목사님은 란의 마을에 가서 무사히 이 자매에게 세례를 주고 돌아왔다는 흐뭇한 소식을 보내오셨다.

나는 차이링 자매 소식을 접하고 한참을 생각했다. 누가 구원의 주체이고 구원의 시간을 이끌어 가시며, 그리고 교회를 세우시는가? 또 나는 어떤 마음으로 선교지에서 전도를 하며, 교회의 형제자매들을 대해야 하는지 말이다. 지금 우리 눈에는 미숙한 형제일지라도 그의 미래는 주님의 계획 가운데 있다. 어린 제자들도 고난을 겪고 십자가를 배우고 나면 우리 몸에 꼭 필요한 효소들이 나오는 십이지장처럼 훌륭한 주님의 제자들이 될 것이다.

"또 내가 네게 이르노니 너는 베드로라. 내가 이 반석 위에 내 교회를 세우리니 음부의 권세가 이기지 못하리라"(마 16:18).

비우고 또 비우기 - 공장

공장은 십이지장을 통과하며 잘게 갈아진 음식물이 넘어오면 여기에서 융모막이란 비단같이 부드러운 점막을 통해 필요한 영양분을 섭취하는 기관이다. 소장의 대부분을 차지하는 공장(空腸)은 직경 2.5센티미터 이내의 매우 좁은 관으로 되어 있다. 안은 정말 아무것도 들어 있지 않은 텅 빈 공간이다. 어느 정도 비어 있느냐 하면, 정상적인 공장 안에는 공기조차 없다.

아브라함의 3라운드 복싱 경기

아브라함의 삶은 언제나 역동적이다. 그중에 내게 가장 큰 영향을 미쳤던 것은 내가 마음대로 이름 붙인 '아브라함의 3라운드 복싱 경기'다. 창세기 12장에는 아브라함이 고향 땅을 떠나 하나님께서 지시하는 곳으로 갔다고 기록되어 있다. 그런데 10절에 보면 그가 가뭄 때문에 기근이 들자 하나님께서 약속하신 땅을 마음대로 떠나 이집트까지 간 내용이 나온다.

이집트에서 그는 하마터면 아내 사라를 바로에게 빼앗길 뻔한다. 아리따운 아내를 여동생이라고 속여 목숨을 보전하려 했는데, 잘못되었으면 사라가 이집트 황제의 후궁이 되었을 것이다. 다행히 하나님의 개입하심으로 위기를 모면했지만, 아브라함의 첫 라운드의 상대는 '가난'이었다. 그는 이 경기에서 KO패를 당한 것이나 다름없다.

두 번째 라운드의 상대는 '부요'다. 그가 이집트에서 부자가 되어 돌아왔을 때 고향 땅에서부터 충성스럽게 동행했던 조카 롯과 재산 문제로 갈라서는 일이 벌어졌다. 아브라함은 조카에게 물이 넉넉하고 마치 여호와의 동산 같이 좋은 땅을 양보하고, 자신은 쓸모없는 험악한 산지를 떠안는다. 여기까지만 읽으면 두 번째 라운드는 거의 그의 압승이라고 생각된다. 아브라함은 돈보다는 사람을 택했다. 하지만 그도 인간인지라 예기치 못한 문제가 생긴 것 같다.

창세기 13장 14-17절에서 여호와 하나님은 아브라함에게 이런 말씀을 하신다.

"롯이 아브람을 떠난 후에 여호와께서 아브람에게 이르시되 너는 눈을 들어 너 있는 곳에서 북쪽과 남쪽 그리고 동쪽과 서쪽을 보라. 보이는 땅을 내가 너와 네 자손에게 주리니 영원히 이르리라. 내가 네 자손이 땅의 티끌 같게 하리니 사람이 땅의 티끌을 능히 셀 수 있을진대 네 자손도 세리라. 너는 일어나 그 땅을 종과 횡으로 두루 다녀 보라. 내가 그것을 네게 주리라."

하나님께서 아브라함에게 하시는 이 말씀으로 유추해보면 아브라함은 마음에 상처를 입은 것 같다. 요샛말로는 외상후스트레스증후군이라고 할 수 있다. 중요한 것을 잃어버린 후의 자기연민 혹은 우울증이 아닌가 생각된다.

그도 그럴 것이 한 부족장이자 작은 아버지인 아브라함이 재산 문제를 나이 어린 조카에게 양보하기는 쉽지 않은 일이고, 사회 통념상으로도 자연스러운 결정은 아니었을 것이다. 롯에게 선택권을 주었을 때, 조카인 롯이 사양하는 것이 마땅했다. 내 생각엔 아브라함도 롯이 좋은 땅을 먼저 택하고 자기를 떠날 줄은 몰랐을 수도 있다.

또 한 가지는 후손의 문제다. 롯이 떠나면서 자식이 없는 아브라함은 또 다른 상실감을 느꼈다. 이미 늙어 생식능력이 없는 아브라함이 상식적으로 후손을 남길 수 없을 때 롯은 가장 근접한 상속자였다. 재산과 후계자를 모두 잃은 노인 아브라함의 상실감을 어떻게 다 이해할 수 있을까? 그러므로 아브라함의 세 번째 라운드의 상대는 '상실'이다.

돈의 문제는 상실감에 비하면 오히려 쉬운 상대였을 것이다. 이 상실의 과정을 통해 아브라함은 인간이 가질 수 있는 욕망을 천천히 비워냈을 것이다.

아브라함은 하나님의 권유대로 눈을 들어 동서남북을 바라보았고, 일어나 그 땅을 종과 횡으로 걸어보았다. 하나님의 시청각 교육을 받으면서 보이는 것을 넘어 보이지 않는 것을 믿음으로 보는 넓은 시야를 가지려고 했다. 그는 이 모든 것을 이뤄가실 하나님을 경배했다.

연이은 14장에선 아브라함이 곤경에 처한 롯을 돕고 멜기세덱에게 십일조를 바치며 3라운드의 복싱 경기를 훌륭하게 마친 것 같은 모습을 보여준다. 그러나 15장에 나오는 아브라함과 하나님과의 격론을 보면, 후계자에 대한 그의 근심과 롯을 잃은 상실감이 여전히 남아 있음을 알 수 있다. 상실감은 그렇게 쉽게 치유되는 것이 아니다. 나와 내 아내에게도 그런 상실의 상처가 남아 있다.

참깨 가방과 현지화 된 선교사

2002년, 사스(SARS, 중증급성호흡기증후군)가 동남아시아와 캐나다 등 전 세계로 확산되어 8천 명 이상이 감염되고, 그중 10퍼센트에 이르는 환자가 사망한 적이 있었다. 다행히 한국에선 환자가 발생하지 않았다.

세상을 공포에 밀어넣은 사스가 한창일 때 나는 한국행 비행기를 탔다. 대전에서 개최된 춘계 내과학회에 참석하기 위해서였다. 선교지에서 언어공부에만 매달리느라 임상에서 멀어진 내과의사의 초조함과 고뇌를 보고 선교지의 리더가 고맙게도 학회 참석을 허락해주었다. 마침 사스 특강이 프로그램에 있어 혹시 선교지에서 진료할 환자가 있으면 큰 도움이 되겠다는 의사로서의 의무감도 있었다.

밤 비행기를 타고 새벽에 공항에 내려 곧바로 대전으로 가는 리무진을 탔다. 학회장인 호텔 세미나실은 입추의 여지 없이 사람들로 꽉 차 있었다. 이미 강의가 시작되어 실내는 어두컴컴한데다가 빈자리라고는 거의 뒤쪽 끝 열 중간에 겨우 한 자리가 비어 있었다. 나는 선교지서부터 끌고 온 두 개의 큰 가방을 통로에 세워두고, 미리 앉아 강연에 열중하고 있는 의사들에게 양해를 구하며 왼쪽에서 세 번째 빈자리에 들어가 앉았다.

의사들의 학회야 늘 그렇듯이 속사포처럼 지나간다. 여러 장의 슬라이드가 몇 초에 한 장씩 지나갔다. 캄캄한 학회장에서 나는 정말 열심히 기록하고 공부했다. 몇 년 만에 참석하는 학회여서인지 공부가 이처럼 재미있는 줄은 미처 몰랐다.

그런데 잠시 후, 내 왼쪽에 앉아 있던 의사 두 명이 차례로 자리를 떴다. 새로운 사람이 와서 앉길래 그런가보다 했는데 그 사람도 몇 분 지나자 일어나 다른 곳으로 갔다. 이런 일이 세 번쯤 반복되자 이상한 생각이 들었다.

'나한테 냄새가 나나?'

선교지역에서 늘 먹던 향신료 냄새가 몸에 배어 있나 해서 혼자 팔에 코를 대고 맡아봤다. 별 냄새가 나지 않았다. 어제 집에서 떠나기 전 새로 빤 가장 멋진 점퍼를 입고 왔으니까.

아무튼 오전 강의가 끝났다. 선교훈련을 시작할 때부터 이런 의학 강의를 들어본 적이 없으니 공부에 대한 갈증이 있었다. 새로운 것도 많이 배웠고 뿌듯했다. 오후에는 사스 특집으로 여러 전문가들이 와서 실제적인 토론을 한다고 했다. 기대가 되었다.

점심을 먹으러 로비로 갔다. 일식 도시락이 준비되어 있었다. 나는 가방 둘을 끌고 여럿이 앉을 수 있는 소파에 자리를 잡았다. 강연장이 꽉 찰 정도로 의사들이 많이 와서 적어도 몇 명은 아는 사람도 있을 테니 같이 앉아 얘기도 하고 싶었다.

도시락을 먹기 시작했다. 한참 식사를 하고 있는데 어쩐지 분위기가 어색했다. 다른 소파는 앉을 공간이 없을 정도로 사람들이 끼어 앉아 도시락을 먹는데, 내가 앉은 소파만 텅 비어 있었다. 밥맛이 싹 달아났다. 아무래도 내게서 형언할 수 없는 냄새가 나는 게 분명했다. 나를 따돌림 당하게 만드는 주범이 냄새라고 생각했다.

선교사로서 현지에 정착한 이래 냄새는 우리 식구들이 극복해야 할 대상이었다. 독특한 현지의 냄새가 선교사역의 어려움이 될 줄은 꿈에도 생각지 못했다. 한번은 화장실에서 이상한 냄새가 나서 기술자를 불렀다. 그들은 현지인들이 늘 하듯 신발을 신고 집에 들어왔다. 아내가 질색을 하고 신발을 벗으라고 했다. 그들이 멈칫하더니 할 수 없이 신을 벗고 화장실에 들어가 수리를 하고 돌아갔다. 덕분에 화장실 냄새는 없어졌으나 기술자들이 남기고 간 발 냄새는 하루 종일 갔다. 매너가 좋은 현지인들은 가방에 신발덮개를 가지고 다니다가 우리 집에선 신발 위에 덮개를 씌우고 들어온다.

하여간 나는 먹던 도시락을 내려놓고 주위를 한번 둘러봤다. 남녀 의사들이 입은 옷의 색깔은 거의 한두 종류였다. 검은색 말쑥한 정장에 반짝이는 가죽구두가 대세였다.

'냄새가 아니라 옷 때문인가?'

나는 베이지색 점퍼에 옅은 회색 여름바지, 그리고 흰색 운동화 차림이었다. 밤 비행기와 리무진을 타고 오느라 면 점퍼와 바지는 많이 구겨진 상태였다.

나는 자리에서 일어나 화장실로 갔다. 거울 속에 비친 내 모습을 한번 봤다. 고원지대의 자외선에 깊게 탄 얼굴의 노동자 같은 사람이 면도도 하지 않아 턱밑과 입술 주위가 까뭇까뭇했다. 머리는 흔히 조폭들이 하는 깍두기머리였다. 앞머리는 3-4센티미터로 짧고, 옆머리와 뒷머리는 두피가 보일 정도로 거의 박박 밀었다. 현지 이발소에서 한국 돈으로 300원도 안 되는 가격으로 깎은 헤어스타일이다. 화장실로 들어오는 한국인 의사들을 보니 세련된 염색에, 파마에, 드라이로 손질을 했는지 여간 멋지지 않았다. 더 신기한 건 대머리가 없다는 점이었다. 다들 머리숱이 풍성해 보였다. 의학통계로 보면 어느 정도의 비율로 대머리가 있어야 마땅한데, 우리나라 가발회사가 참 대단하다는 생각이 들었다.

이럴 때 자기연민에 빠지면 안 된다. 주님은 외모로 사람을 판단하시는 분이 아니다.

'아무래도 내가 선교 현지에서 적응을 너무 잘한 모양이다. 아주 현지인답네.'

나름 뿌듯한 마음으로 화장실에서 나와 로비로 돌아갔다. 멀리 내가 앉아 있던 소파가 보였다. 그 옆에는 내가 끌고 왔던 두 개의 허름한 이민 가방과 기내용 가방이 5성급 호텔 로비에 어울리지 않았는지 넘어져 있었다. 가방에는 가족들에게 나눠줄 참깨가 가득 들어 있었고(내 사역지의 참깨가 그렇게 좋다!), 나머지 가방에는 내 속옷가지들이 들어 있었다. 내가 없어져서 그런지 소파에는 몇몇 의사들이 앉아서 밥을 먹고 있다가 옆눈으로 나를 힐끗힐끗 쳐다봤다. 기분이 썩 좋지는 않았다. 나도 앉아서 먹던 도시락을 먹으려고 젓가락을 들었다. 그 순간이었다. 내가 오전 학회장에서 무슨 일을 했는지 마치 활동사진이 돌아가듯 머릿속에 떠오르기 시작했다.

학회장은 슬라이드를 보여주기 위해 어두컴컴했다. 슬라이드가 스크린에 걸려 있는 시간에는 다소 밝지만, 발표자가 "다음 슬라이드 주십시오" 하면 순간 아주 어두워진다. 그 어두워진 순간, 내 머리는 자동적으로 왼쪽으로 돌아가 통로에 세워둔 내 가방 두 개가 잘 있는지 확인했다. 아마 수백 번 그랬을 것이다. 나도 모르게.

선교지에서 나는 이미 여러 대의 자전거를 잃어버렸다. 휴대폰도 소매치기를 당했다. 아들 모세는 버스 정류장에서 이어폰을 꼽고 mp3로 음악을 듣다가 갑자기 소리가 안 들려서 보니 누군가가 그 사이에 주머니 속의 mp3를 빼간 것이었다. 현지에서 볼 때, 큰 가방 둘을 나에게서 몇 미터 떨어진 컴컴한 실내 통로에 두었다면 그것은 도둑에게 기꺼이 '기증'하겠다는 뜻이다.

나는 세미나 내내 어두워지기만 하면 무의식적으로 고개를 왼쪽으로 돌려 1초 정도 내 가방을 지켜봤을 것이다. 오전 내내 수백 번 고개를 돌리고, 잠시 노려보고 했을 테니 왼쪽에 앉았던 그 의사들은 얼마나 불편했을까. 그렇지 않아도 행색이 이상한 사람이 자꾸만 고개를 돌려 자신을 힐끔거린다고 생각했을 것이다.

'아, 그래서 옆자리의 사람이 떠나고, 또 떠나고 그랬구나.'

여기까지 생각이 미치자 헛웃음이 나왔다. 그러나 어쩌랴. 나는 현지화가 제대로 된 선교사일 뿐인 걸.

오후가 되었다. 듣고 싶었던 사스 강의에 집중하기 위해 나는 가방을 멀찌감치에 두고 가방주인이 아닌 양 반대쪽에 앉았다. 이번에는 절대로 고개를 돌리지 않으리라 결심했다. '한국에서 그 낡은 가방을 집어갈 사람이 어디 있겠어?' 하며 자꾸 자기최면을 걸었지만, 현지화가 잘된 선교사는 자꾸만 가방이 궁금한 마음을 잡기 위해 애써야 했던 게 사실이다.

특강이 끝나자 질문 시간이 되었다. 여러 질문들 중 두 가지가 아직도 기억에 남는다.

어떤 의사가 물었다.

"어떻게 하면 제가 근무하는 병원에 올 수도 있는 사스 환자를 극복할 수 있을까요? 그리고 사스를 피할 수 있는 가장 좋은 예방법은 무엇일까요?"

세계보건기구 임원이기도 한 강연자는 사스 발생 국가를 그것도 발생 환자가 집중적으로 발생한 국가와 지역을 슬라이드로 보여준

다음 아주 명쾌하게 답했다.

"우선 이런 국가에서 온 사람들을 만나지 않는 것입니다. 진료 전에 철저한 문답을 해서 그곳에 다녀온 사람들을 걸러내십시오. 그리고 그 지역으로 여행을 하거나 살러 가지 않는 게 가장 좋은 예방법입니다."

옆자리에 앉은 젊은 의사들이 껄껄 웃으며 서로 농담을 주고받았다.

"네가 그 지역으로 가."

"미쳤냐? 누가 거기 가서 살아?"

사스가 집중적으로 발생한 지역으로 슬라이드에 나온 곳 중 하나가 내가 사는 바로 옆 동네였다. 어쩐지 많이 미안하고 부끄럽다는 생각이 들었다. 현지화는 잘된 선교사지만, 자존심까지 완전히 비워버린 공장(空腸) 같은 주님의 종은 아니었나보다.

나는 조용히 일어나 가방 두 개를 끌고 저녁 버스로 고향 집에 돌아왔다.

이제는 돌아와야 하지 않겠나?

고향에 도착해 형님과 이런저런 얘기를 나누고 새벽 두 시쯤 잠자리에 누웠다. 전날 일어났던 학회 사건으로 이것저것 많은 생각이 떠올랐다. 선교사로 떠나기 전, 병원원장 시절에 학회에 참석했던 내 모습과는 너무 달라진 지금의 내 외면과 내면에 대해 혼자 변명도 하고 항변도 해가며 잠을 이루지 못했다.

전화벨이 울렸다. 새벽 다섯 시도 되지 않은 시각이었다. 전화를 받아보니 장모님이었다. 예절 바른 장모님이 새벽부터 사돈댁에 전화하실 분은 아닌데 무슨 급한 일이 일어났나보다.

"자네가 어제 한국에 도착했다고 해서 전화했네. 아버지가 주무시다가 갑자기 이상하시네. 지금 당장 자네밖엔 생각나는 사람이 없어서……."

선교사로 떠나기 전 개업했던 병원은 나의 본가와 처가가 모두 가까운 곳에 있었다. 지병이 있던 장인어른은 나를 무척 의지하셨다. 내게 진료받는 것을 늘 기뻐하셨고, 맏사위가 내과 원장이라는 사실을 누구보다 자랑스럽게 여기셨다. 나는 한걸음에 처가로 달려갔다.

장인어른은 중풍이 온 것 같았다. 나를 보고 반가워 웃는 미소도 한쪽 얼굴에만 있고, 말은 이미 어눌해 있었다. 가까운 대학병원 응급실로 갔다. 진찰을 해보니 왼쪽 관자놀이 쪽 측두엽에 큰 출혈성 종괴가 보였다. 뇌출혈인데 조금 이상했다. 대개 뇌출혈은 이렇게 명확한 고정형 병변을 보이지 않는데 말이다. 교수로 있는 동창의사들이 와서 뇌종양이 틀림없다고 했다. 일단 뇌압을 떨어뜨리는 약을 쓰기로 했다.

장인어른이 매달고 있는 약을 보면서 중풍으로 세상을 떠난 막내누나가 생각났다. 내가 결혼하기 두 주 전, 가장 사랑했던 막내누나가 하늘나라로 갔다.

막내누나와 나는 아주 친했다. 초등학교 때 아버지가 돌아가신 후 나는 무척이나 어둡게 지냈다. 왜 그런지 나쁜 짓도 많이 했다. 어머니께 책값을 거짓말로 타내고, 면허도 없이 오토바이를 몰다가 사람을 다치게 해서 작은 아파트 전세를 빼 절반을 보상금으로 주기도 했다. 나도 나를 어찌할 수 없었던 시절, 누나는 나의 말을 들어주고 나를 위해 기도해주었다.

누나는 신앙심이 좋았다. 그런데 어릴 적부터 심장이 좋지 않아 늘 병약했다. 좋은 매형을 만나 결혼한 후 아기를 가졌는데 의사는 낙태를 권했다.

"당신이 살려면 아기를 죽여야 합니다."

누나는 당연히 이 제안을 거절했다.

"하나님께서 내게 생명을 주신 특별한 이유가 있을 겁니다."

누나는 목숨을 걸고 딸을 낳았다. 아이가 네 살 때, 누나는 심방을 가다가 버스 안에서 쓰러지고 말았다. 중풍이었다. 그리고 내 결혼식을 앞두고 하나님 품에 안겼다. 나는 이 허망한 죽음이 믿기지도 이해되지도 않았다. 아버지의 죽음보다 더 아프고 슬펐다. 아버지가 내 인격의 틀을 만들어주셨다면, 누나는 내 영혼에 주님의 생명을 불어

넣어주었다. 선교사로 떠나기 전, 나는 누나의 무덤을 찾아가 한참을 울었다.

장인어른을 친구가 신경외과 교수로 있는 국내 굴지의 대학병원으로 옮겼다. 불교신자인 그 친구는 내가 장인어른이 쓰러지는 그 순간에 딱 맞춰 귀국한 것에 많이 신기해하며 말했다.

"하나님이 계시긴 한가보다. 어떻게 그렇게 타이밍이 딱 맞게 들어왔냐?"

하나님을 믿는 사람들에겐 이런 순간이 얼마나 흔한 일인가 알면 아마 더 신기해할 것이다. 나는 선교지의 리더에게 전화를 해서 귀임날짜를 늦추겠으니 허락해달라고 했다.

장모님은 몸이 불편해 근처 숙소에서 지내시고, 내가 장인어른의 보호자 역할을 했다. 한 달을 병원에서 같이 지내며 수발을 들었다. 뇌부종을 가라앉히는 약을 보름 정도 썼더니 수술이 가능해졌다.

수술을 앞두고 정신을 회복한 장인어른이 작심한 듯 내게 말씀하셨다.

"뇌종양이면 내가 죽을 수도 있지 않은가. 맏사위인 자네가 이제는 돌아와야 하지 않겠나. 그렇지 않으면 내 딸이라도 돌려다오."

또 다른 비움

아내와 결혼하기 위해 장인어른의 승낙을 받기가 참 어려웠다. 사실을 말하자면, 모든 게 내가 자초한 일이기도 했다. 수련의 시절, 여자친구인 아내의 집에 처음으로 인사를 간 날, 나는 아직 구원의 확신도 없고 교회도 장모님 손에 끌려 마지못해 가는 둥 마는 둥 하던 장인어른의 눈을 똑바로 쳐다보며 말했다.

"저를 의사로 보지 마시고 섬마을 가난한 목사나 밀림 속 아프리카 선교사로 여겨주십시오. 전 전문의가 되면 바로 선교사로 떠날 겁니다."

장인어른은 격노하셨다.

사실 여자친구의 집으로 가기 전, 나는 반나절 오프를 받아놓고 수련의 숙소 시멘트바닥에 혼자 무릎을 꿇고 기도했다. 예수님을 아직 모르는 여자친구의 아버지께 복음을 전하게 해달라고. 하지만 나의 폭탄선언 덕분에 결혼 승낙은 1년 이상 미뤄졌고, 나는 무례함을 사과드리기 위해 여러 번 장인어른을 찾아가 싹싹 빌어야만 했다. 만약 내 딸의 남자친구가 내가 장인어른 앞에서 했던 행동을 한다면 먼저 심리 상담부터 받고 오라고 말할 것이다.

그때 나는 뜨거운 신앙심으로 인해 눈에 보이는 게 없었나보다. 하기야 젊은 시절, 그 정도 패기 있는 믿음의 사건 정도야 몇 가지씩은 있어야 하는 게 아닐까. 그래야 나이 들어 젊은 날의 신앙을 회상할 때 혼자 멋쩍은 미소를 지을 수도 있을 테니까.

우리 가족이 선교지로 떠날 때 가장 마음 불편해하셨던 분도 장인어른이었다. 장인어른은 어린 처남 대신 나를 큰아들로 여기셨다. 가난한 수련의와 결혼한 딸을 초등학교 평교사의 넉넉지 않은 월급으로 분에 넘치게 도와주셨고, 의사와 약사로 바빴던 우리 부부를 대신해 세 아이들을 열심을 다해 키워주셨다.

죽을 수도 있는 수술을 앞두고 "이제는 돌아와야 하지 않겠나?" 하며 호소하시는 장인어른의 간절한 눈을 보며 나는 차마 대답할 말이 생각나지 않았다. 나는 기도할 수밖에 없었다. 장인어른이 깊이 잠드신 밤이면 병원 휴게실에서 기도했다.

"주님께서 우리 모두에게 자비를 베풀어주시기를……장인어른께 예수 그리스도의 사랑을 보여주시기를……."

수술이 끝나고 회복실에서 깨어난 장인어른은 나를 보더니 눈물을 글썽이셨다.

"자네가 자랑스럽네. 자네가 내 사위라는 게 자랑스러워."

나는 장인어른이 마취에서 막 깨어나 정신없는 와중에 하시는 말씀인 줄 알았다. 그 후 함께 병원에서 예배를 드릴 때면, 장인어른은 자꾸만 우셨다. 예배가 끝나도 자리에서 일어나지 않고 한참을 울고 계셨다. 나도 옆에서 같이 울면서 기다리는 수밖에 없었다.

어느 날, 용기를 내어 장인어른께 말씀을 드렸다. 나는 어릴 때 아버지를 잃어서인지 장인어른을 진심으로 아버지라고 불렀다.

"아버지, 이제 예수님을 마음속에 받아들이지 않으시겠어요? 그냥 교회 다니시는 게 아니라 구세주로, 아버지를 위해 십자가를 지신 구원자로, 아버지를 지금부터 영원까지 이끄실 인도자로 말이에요."

장인어른은 담담하게 대답하셨다.

"나도 안다. 자네가 귀하게 여겨지는 것도, 자네가 자랑스럽게 생각되는 것도 다 예수님 덕분이다."

장인어른은 생각이 깊은 분이시다. 교육대학교 재학 시절, 심훈의 『상록수』를 인생의 가치로 두고 평생을 섬마을과 벽촌에서 근무하셨다. 내 아내의 말에 따르면, 예수님 믿는 것만 빼놓으면 모든 것을 갖추신 분이었다.

장인어른은 이미 예수님을 받아들이신 것이다. 많은 사람들의 만류에도 불구하고 선교사로 떠나버린 나를 귀하고 자랑스럽게 여기시는 게 그 증거였다. 나는 장인어른과 함께 기도했다.

"하나님, 이 땅에서 우리의 만남이 시공적 한계가 있을망정, 주님의 영원한 세계에선 그렇지 않을 줄 믿습니다. 아버님을 정말 존경하고 사랑합니다. 아버님이 저희에게 베푸신 사랑과 관심에는 미치지 못하지만, 아버님이 하늘나라에 가시더라도 어머님과 나머지 동생들은 제가 어떤 형편에 처하든지 계속 사랑하겠습니다."

그것은 내 진심이었다. 선교사로 나가면서 눈에 보이는 세상의 인연들, 가족과 친지들을 주님의 손에 맡기고 잊으려 했다. 주님의 일을 하면서 뒤돌아보지 않겠다는 결심이었다. 하지만 이 순간, 죽음을 앞둔 장인어른의 마음속으로 내가 들어갔다. 연민이었다. 아마 이것이 주님이 원하는 사랑이었고, 또 다른 나의 '비움'이었다.

상실의 축복

장인어른의 수술을 마치고 나는 선교지로 귀임했다. 병석에 누운 친정아버지를 걱정하고 그리워하느라 수척해진 아내가 공항에 나와 있었다. 아내는 결혼 전부터 어린 동생들을 돌보는 맏딸로서 처가의 기둥역할을 하고 있었다. 나는 아내를 안아주었다. 정말 많이 말라 있었다.

장인어른은 아내가 초등학교 1학년 때부터 담임선생님이셨다. 장인어른이 벽촌에서 근무할 때, 아내는 아버지를 따라 그 벽촌 학교를 다녔다. 나의 세 아이들이 선교사인 내가 가는 어떤 곳이든 따라다녀야만 하는 것과 같았다. 장모님은 아내의 어린 동생들을 낳을 때 병원에 가지 못해 집에서 출산하셨다. 장인어른이 손수 아기들을 받았고, 맏딸인 내 아내가 그 시중을 들었다. 정말 가난한 시절이었다. 평교사의 박봉으로 조상 때부터 내려온 빚을 갚느라 먹을 것도 변변치 않은 처지인데도, 장인어른은 몇 달치 월급을 아껴 음악을 좋아하는 맏딸에게 피아노를 사주셨다.

장인어른의 암에 대한 예후는 심각했다. 다형성신경교아증이라 불리는, 뇌암 중에서도 가장 예후가 좋지 않은 암이었다. 집도의인 친구 의사는 장인어른의 여명을 1년 정도로 보았다. 온갖 치료를 다해도 그 이상 사는 경우가 드무니 그동안 가족과 함께 행복한 시간을 보냈으면 좋겠다고 했다.

그러나 장인어른의 생각은 달랐다. 수술 후, 장인어른은 매일 등산을 하고 철봉으로 몸을 더 단련하셨다. 암도 정신력으로 이겨내려고 하셨다. 방사선치료를 6주 동안 받으면서도 한 번도 힘들다고 말씀하지 않으셨다. 방사선치료 후에도 암은 없어지지 않고 선명하게 남아 있었지만, 죽음에 대해 이야기하려면 역정까지 내셨다. 일부러 재산관리나 신변정리를 전혀 하지 않으셨다.

아내는 세 아이들과 함께 두 달 정도 아버지와 시간을 보냈다. 그리고 소천하시기 석 달 전에 혼자 한국에 들어와 아버지를 살펴드렸다. 장인어른은 침대에 누워 거동이 어려웠다. 이미 죽음의 그림자가 짙게 드리워진 장인어른은 선교지로 다시 떠나는 딸에게 이렇게 말씀하셨다.

"나는 너희 부부가 정말 자랑스럽다."

병실 문을 나서며 아내는 침대에 누운 채 손을 흔드는 친정아버지를 일부러 돌아보지 않았다고 한다. 아버지가 "너희가 자랑스럽다"라고 하신 것은 이제 다시는 살아서 만나지 못할 것을 예감하며 마지막으로 하시는 말씀임을 알았기 때문이다.

수술 후 1년이 거의 다 된 어느 날, 대학병원 교수인 친구로부터 전화가 왔다. 며칠을 못 넘기실 것 같다고. 우리 부부는 급히 귀국해 중환자실로 갔다. 이미 의식도 없는 친정아버지의 귀에 대고 아내가 말했다.

"아빠, 큰딸 은혜예요. 사랑해요."

놀랍게도 감고 있는 장인어른의 눈에서 눈물 한 방울이 흘러내렸다. 그리고 몇 시간 후 소천하셨다. 사랑하는 큰딸의 목소리를 한 번 더 듣고 싶어 끝까지 기다리셨나보다. 주님은 평생을 교사로 반듯하게 살아온 장인어른에게 그런 자비를 허락하셨다.

장례를 치르고 나서 선교지로 돌아왔다. 아내는 그 뒤로도 한참 잠을 이루지 못했다. 한밤중 흐느끼는 소리에 잠이 깨도 기척을 낼 수 없었다.

나중에 아내는 그때가 혹 우리가 선교의 길을 가지 않았더라면 아버지 곁에서 마지막을 함께할 수 있지 않았을까 하는 생각까지 했던,

자신의 인생 가운데 가장 슬픈 시간이었다고 고백했다. 사랑하는 아버지를 잃은 상실은 우리 부부를 여러 해 동안 씨름하게 했다.

그 후로 현지인들과 사역을 함께하면서 예측할 수 없는 많은 상실들을 맛보았다. 기록할 수 없는 배신의 아픔도 겪었다. 어쩌면 나 역시 다른 사람들에게 같은 상처로 상실감을 주었을지도 모른다.

구약의 요셉은 자기 아이들의 이름을 므낫세와 에브라임으로 지었다. 장남 므낫세는 "하나님이 내게 내 모든 고난과 내 아버지의 온 집 일을 잊어버리게 하셨다"(창 41:51) 함이요, 차남 에브라임은 "하나님이 나를 내가 수고한 땅에서 번성하게 하셨다"(52절)는 의미였다.

우리 부부는 상실이 축복이라는 여러 믿음의 선진들의 말씀을 완전히 이해하지는 못한다. 다만 상실을 통해 우리가 비워야 하는 것들이 무엇인지 조금씩 알아가게 되었다.

선고사들의 림프샘, 단기사역자들 - 회장

회장은 소장의 마지막 3-4미터를 차지하며 중요한 영양소인 비타민 B_{12}와 담즙을 재흡수하여 우리 몸으로 돌려준다. 비타민 B_{12}는 중추신경계와 적혈구를 만들고 유지하는 데 필수적인 영양소다. 이 영양소 없이 생존하는 것은 불가능하다. 회장에는 위와 대장 가운데 가장 큰 림프샘이 있다. 이것은 우리 몸을 지키는 주요 장벽이다.

달빛 같은 의사, 커티스

선고사들 가운데 장기사역자는 필연적으로 단기사역자들의 도움을 받고 산다고 해도 과언이 아니다. 단기사역자들은 때론 장기사역자들을 보호해주며, 이름도 빛도 없이 우리 몸에 필수요소인 비타민 B_{12}를 찾아 우리 주님의 몸 된 교회에 공급해주는 산 증인들이다. 내 영혼의 스승들인 그들의 사랑을 어떻게 갚아야 할지 모르겠다. 여러 번 낙담에 빠졌을 때 단기사역자들의 헌신 덕분에 나는 일어날 수 있었다.

아브라함이 롯과 헤어지고 일종의 상처를 받았을 때, 하나님은 그를 일으켜 동서남북을 바라보게 하시고 더 큰 이상을 보게 하셨다. 나도 그렇게 세계의 여러 곳으로부터 하나님께서 보내신 동역자들의 헌신으로 일어나곤 했다. 자신들이 받은 하나님의 은혜를 주님께 다시 돌려주는 그들의 사랑은 얼마나 아름다운가.

단기선교사에게 어떤 특별한 의료 기술이 있고, 그들이 그 기술을 발휘할 기회를 현지에서 장기적으로 일하는 선교사가 마련해준다면 의료선교가 제법 큰 효과를 낼 수 있다.

내가 이 나라의 서쪽 변경지역에 있는 시골 병원의 안과 프로그램을 잠시 맡은 적이 있었다. 그 병원의 현지인 안과의사 찌엔은 위생학교만 나온 의사라 아주 간단한 시술 외에는 아무것도 하지 못했다. 하지만 그는 배우려는 의지가 강했다.

우리 선교회에서는 해외의 한 안과 의사를 단기선교사로 이곳에 오게 해서 찌엔을 지도하게 하면 좋겠다는 결론을 내렸다. 그렇게 해서 우리에게 온 사람이 닥터 커티스였다.

닥터 커티스는 아주 소박한 차림으로 이곳에 도착했다. 그는 약 일주일 남짓 시골 병원 근처 여인숙에서 지내면서 찌엔에게 안과수술을 가르치기 시작했다. 찌엔은 커티스에게 안과의사가 할 수 있는 갖가지 수술기법을 하나하나 배워가며 무척이나 기뻐하고 보람 있어 했다. 찌엔이 즐거워하는 모습을 본 커티스는 첫 번째 방문 후에 중대한 결심을 하나 했다. 1년에 두 차례 이곳을 방문해 현지 의사를 가르치기로 마음먹은 것이다.

이 지역은 복음을 전할 수 없는 폐쇄지역이었다. 이 나라 정부는 소수부족이 대부분인 이곳에서 복음 전하는 것을 물론 금지했고, 외국인이 방문하는 것조차 극도로 꺼렸다. 어느 기독교 단체가 이 근처에서 전도지를 돌리다가 적발되어 국가로부터 강제로 해산되고 많은 사역자들이 추방된 적도 있었다.

커티스 같은 외국인 의사가 올 때마다 우리는 약 두 주짜리 단기 의료면허증을 발급받으러 정부청사에 간다. 그때마다 그곳 관리들에게 우리가 해야 할 것과 하지 말아야 할 것에 대해 확약을 요구받는다. 현지에서 진료를 할 때도 경찰에 의해 우리의 일거수일투족이 전부 상부에 보고된다.

커티스는 여러 면에서 참 특이한 의사였다. 나는 봉사활동을 하면서 그와 방을 일주일 정도 같이 쓴 적이 있다. 그는 학문적으로 굉장히 뛰어난 의사였고, 또 매운 것을 절대로 먹을 수 없는 사람이었다. 그가 가져온 라면을 얻어먹은 적이 있는데, 전혀 맵지 않은 것이 내 입맛엔 정말 맛없는 라면이었다.

이곳에서 단기사역을 할 때, 저녁식사는 병원에서 제공했다. 대부분은 병원 근처의 식당에서 현지 의사와 간호사들과 함께 식사를 했다. 그 이유는 닥터 커티스가 온다고 소문이 나면 환자들이 너무 많이 몰려오는데다가, 커티스가 찌엔을 꼼꼼하게 가르치다보니 시간이 많이 걸려서 현지 의사와 간호사들도 덩달아 퇴근이 늦어졌기 때문이다.

시골인 이 지역 음식에는 모두 강한 향신료와 딸꾹질이 날 정도로 매운 고추가 가득 들어 있다. 처음 이곳 음식을 먹기는 누구에게도 힘든 일이었지만, 닥터 커티스는 현지인들과 허물없이 잘 지내는 사람이라 매운 이곳 음식도 함께 먹었다.

식사자리는 늘 분위기가 좋았다. 그러나 식사 후 여관으로 돌아온 닥터 커티스는 맨 먼저 위장 보호제부터 먹었다. 어느 날엔가는 밤새 화장실을 들락거리며 토하거나 설사를 했다. 참다못한 나는 그에게 제발 매운 것을 먹지 못한다고 말하라고 했다. 하지만 그는 이곳엔 맵지 않은 음식이 없고, 또 음식으로 그들과 친해지면 혹시 복음을 나눌 기회가 생기지 않겠느냐며 한두 주 정도는 참을 수 있다고 했다.

이를 위해 기도도 아주 많이 하고 왔다며 웃는 사람이 닥터 커티스였다.

그를 돌봐야만 하는 나는 웃을 수만은 없었다. 커티스를 위해 이 지역의 식당들을 샅샅이 둘러보았다. 기적적으로 맵지 않은 만두를 파는 식당을 딱 한 군데 찾아냈다. 참고로, 만두가 다 우리나라 것 같다고 생각하면 큰 오산이다. 이곳에서 약 1천 킬로미터 떨어진 지역으로 사역차 간 적이 있는데, 나는 하얀 만두 속에 그처럼 매운 고추와 후추, 그리고 진한 향신료가 들어 있는 줄은 꿈에도 몰랐다. 한 입 베어 먹고 눈물을 확 쏟았으니 말이다.

커티스는 이 병원에 올 때면 아침은 항상 그 식당의 맵지 않은 만두를 먹었다. 나중에 우리는 그 가게 주인아주머니와도 친해졌다. 주인아주머니는 우리가 의사인 줄 알고 나서 자신의 육체적 고통을 상담해왔다. 아주머니는 유방암 수술 후 유방에 변형이 왔다면서 진찰을 부탁했다. 가슴을 외국인 의사에게 보이기가 쉽지 않았을 텐데 우리를 믿고 큰 용기를 낸 것이다. 우리 팀은 아주머니를 진료해서 좋은 결과를 가져왔다. 아주머니는 우리가 그리스도인들이라는 사실을 알면서도 귀하게 대접해주었다. 복음을 직접 전하지는 못했다. 하지만 적어도 복음에 관심을 갖게 한 것은 틀림없다. 선교란 말이 아닌 향기로도 전해야 하는 것임을 배웠다.

어느 날 오후, 병원에서 잠시 쉬는 시간이었다. 커티스는 자리를 비웠고, 나와 찌엔이 같이 있었다. 찌엔은 나에게 선교관에 큰 전환점이 되는 질문을 했다.

"닥터 커티스는 자기 나라에서 어느 정도의 의사입니까?"

나는 웃으며 대답했다.

"닥터 커티스는 자기 나라에서 최고 병원의 안과 과장입니다. 그 나라의 눈에 관련된 종양의 60퍼센트를 혼자서 수술하는 대단한 전문가지요."

찌엔은 놀란 듯 보였다. 아무 말 없이 한참 동안 망설이다가 다시 물었다.

"그런데 왜, 그렇게 대단한 의사선생님이 자기 일을 중단하면서까지 매년 여러 차례 여기까지 와서 저를 가르치시나요? 저는 고등학교밖에 나오지 않았고, 적절한 면허증도 없어서 도시에 나가면 진료도 할 수 없는 시골의 보통, 아니 그 이하의 안과의사일 뿐인데요."

나는 뭐라고 대답해줄 말이 없었다. 그냥 찌엔을 다정하게 바라봤다. 모르긴 몰라도 찌엔은 그 답을 이미 알고 있으리라 믿었다.

그 후 나는 다른 사역으로 그 병원에 더 이상 가지 않았다. 하지만 성령님이 뿌리신 그리스도의 역사가 어떻게 진행되어 가는지는 닥터 커티스가 찌엔의 가슴에 지핀 작은 불꽃 하나로도 충분히 짐작해볼 수 있었다. 그 지역은 W족이 주류를 이루는 곳으로 인구는 30만 명 정도다. 그곳엔 무엇보다 아직 복음이 들어가지도 못했다.

찌엔을 만나지 못한 지 몇 년이 지난 후였다. 우리 가족은 살고 있던 셋집에서 갑자기 이사를 가야 할 일이 생겼다. 당시 우리 가족이 살던 동네는 조용하고 살기 좋았지만 집주인이 월세를 50퍼센트나 올리겠다고 했다. 매년 빠듯한 선교사 예산에 그 월세는 감당하기 힘든 금액이었다.

나는 친하게 지내던 한 이웃의 소개로 같은 아파트 단지 안에 세를 내놓은 집을 찾아갔다. 3대가 사는 그 집의 할아버지가 부르는 가격도 굉장히 비쌌다. 이 지역도 매년 월세가 가파르게 오르고 있었다. 그 금액으론 어렵다고 말씀드리고 돌아서려는데 그 집의 할머니가 내게 전화번호를 남겨달라면서 말했다.

"1년 동안 지척에서 보니 집을 깨끗하게 쓰고 인상이 좋아 보입니다. 오늘 저녁 사위가 돌아오면 월세를 낮출 수 있는지 물어보지요."

그때까지 살던 우리 집은 1층이라 이웃들이 다 들여다보는 수준이었다.

그날 밤, 실제적 집주인인 변호사 사위를 만나러 그 집에 다시 갔다. 변호사 사위는 자녀들 교육문제로 이사를 가야 하는데 한국인이 집을 깨끗이 쓰는 것 같아서 나에게 주고 싶다며 월세를 조금 더 깎아주었다. 그러나 내 입장에선 여전히 비쌌다.

그 변호사의 인상이 어디서 본 것 같다는 생각이 들었다. 그의 말투도 낯설지 않았다. 나는 그에게 고향이 어디냐고 물었다.

"K지역입니다."

닥터 커티스와 찌엔이 있는 곳이었다. 나는 반가운 마음에 이렇게 말했다.

"저도 그곳에 있는 병원을 여러 해 다녔습니다. 그 병원은 제게 또 하나의 고향이지요."

변호사는 내 말을 듣더니 누군가에게 전화를 걸었다.

"혹시 한국인 정 선생을 알아요?"

전화기 너머로 들리는 친근한 목소리가 소리를 질렀다.

"알다마다!"

바로 찌엔이었다. 사위인 변호사는 찌엔의 동생이었다.

우리 가족은 그 다음 달에 그 집으로 이사를 와서 선교지를 떠날 때까지 편안히 살았다.

그 집 거실에서 바라보는 보름달은 특히 아름다웠다. 매운 것을 못 먹으면서도 주님을 위해 고통을 참고 사역하던 닥터 커티스의 헌신처럼 환했다. 어둠을 밝게 비추면서도 눈이 부시지 않았다.

고원의 보름달은 우리가 상상하는 것보다 훨씬 크다. 둥글둥글한 인상의 찌엔 얼굴이 떠올랐다. 그의 인생에도 하나님의 영광이 보름달처럼 충만하게 비추기를 기도했다.

먼 길을 힘들지 않게 가는 법

서양에서 사용하는 지도를 보면, 북미 대륙이 서쪽에, 유라시아 대륙이 동쪽에 놓여 있다. 즉 북미에서 보면 아시아, 특히 극동아시아가 가장 먼 곳에 있는 셈이다.

미국에서 온 소아신생아 전문의 닥터 톰의 선교여정을 보면 그가 걸어온 궤적이 쉽게 상상되지 않는다.

닥터 톰은 내가 이곳에 살기 시작했던 2000년대 초반보다 훨씬 전부터 매년 두 차례씩 이 지역을 방문했다. 이곳은 정말 찾아오기도 힘든 동네였다. 그가 특별히 방문하던 동네는 '오아시스'라고 불리는 곳이었다. 한국으로 치면 면소재지 정도였고, 탈 것은 마차와 인력거뿐이었다. 지금도 '오아시스'로 가려면 제일 가까운 공항에서 버스를 여러 차례 바꿔 타면서 비포장도로로 한나절은 가야 한다. 미국 동부의 유명한 대학병원에서 일하는 닥터 톰이 여기까지 오려면 비행기와 버스를 타고 사흘 이상 걸리는 여행길이다.

닥터 톰이 이곳을 사랑하게 된 계기는 1990년대 어느 날이었다. 닥터 톰은 '오아시스'의 시골길에서 예닐곱 살로 보이는 여자아이를 우연히 만났다.

"이름이 뭐니?"

낯선 외국인의 어색한 현지어보다 더 현지어가 서툰 무슬림 여자

아이는 웃으면서 대답했다.

"파티마예요."

미국인이 이 나라 시골 고원지역에서 어린 여자아이를 만난다는 건 그리 흔한 일이 아니었다. 겸손하게 쭈그려 앉아 파티마와 눈높이를 맞춰가며 대화를 하던 닥터 톰은 파티마가 사는 집을 방문했다. 집은 가난했다. 파티마는 초등학교도 돈이 없어 가지 못하고 있었다. 닥터 톰은 파티마의 부모에게 딸의 후견인이 되겠으니 아이를 학교에 보내 달라고 부탁했다. 한국 돈으로 몇만 원 정도면 학교를 다닐 수 있지만, 이마저도 소수부족들은 감당하기 힘들었다.

닥터 톰의 후원으로 파티마는 드디어 학교에 다닐 수 있게 되었다. 이 산골지역은 초등학교가 한국처럼 가까운 데 있어 걸어서 갈 수 있는 곳이 아니다. 산골에서 학교를 다니려면 매일 등하교는 불가능해 기숙사 같은 합숙소에서 지내야 하는데, 그 비용도 매월 5천 원 정도가 들었다. 수업료까지 포함하면 그보다 더 많은 돈이 필요했다. 닥터 톰은 1년에 두 차례씩 직접 이곳으로 날아와 반년 치 학비와 기숙사비를 선불로 치르고 파티마를 격려했다.

"공부를 해서 반드시 훌륭한 사람이 되어야 한다."

파티마의 부모는 닥터 톰에게 무척 고마워했다. 무슬림인 그들은 닥터 톰이 그리스도인이란 사실을 알고 있었다. 톰이 올 때마다 파티마를 안고 주님께 감사기도를 드렸기 때문이다.

10여 년이 흘러 드디어 파티마는 대학에 진학했다. 그 무렵 닥터 톰은 전립선암에 걸렸다. 여러 가지 치료를 받느라 체력이 허락지 않아 그는 더 이상 파티마가 사는 이 동네까지 올 수 없었다. 톰은 우리 선교팀에 연락해 파티마를 부탁한다고 했다. 그제야 우리는 닥터 톰이 파티마를 소리 없이 돕고 있었음을 알게 되었다.

나는 닥터 톰을 오래전부터 알고 있었다. 톰은 내가 일하던 현지 의과대학에 강사로 온 적도 있고, 수련회에서도 만난 적이 있다. 길에서 우연히 마주친 적도 있는데 나는 왜 닥터 톰이 별일이 없는데도 1년에 두 번씩이나 이곳에 오는지 의아해했었다.

미국에서 멀고 먼 아시아의 벽촌까지 오려면 시간과 돈이 많이 들고 육체적으로도 엄청 힘이 든다. 스케줄이 바쁜 대학병원의 교수가 일부러 휴가를 일주일씩 내서 몇만 원의 학비를 내주러 여기까지 오는 것은 어리석은 낭비같이 보일 수도 있다. 그 여행비를 차라리 파티마와 그 가족들에게 부쳐주는 편이 더 현명하지 않을까?

그러나 그것은 인간의 짧은 생각이다. 연세가 지긋한 닥터 톰은 일부러 시간과 물질과 고생을 자처한 것이다. 비행기와 버스와 마차를 타면서 파티마를 만나러 오는 톰은 그 먼길조차도 기뻤을 것이다. 또 이렇게 해야 무슬림들에게 직접 하나님을 증거할 수 있기 때문이다.

주님의 발에 비싼 향유를 부은 마리아에게 제자들은 분노했다. 특히 예수님을 배반한 유다는 이것을 300데나리온에 팔아 가난한 자들에게 주지 않는다면서 마리아를 비난했다. 하지만 예수님은 "내가 진실로 너희에게 이르노니 온 천하에 어디서든지 복음이 전파되는 곳에는 이 여자가 행한 일도 말하여 그를 기억하리라"(막 14:9)고 마리아를 칭찬하셨다.

사랑과 헌신은 먼길을 달려가도 피곤치 않은 것이다. 닥터 톰은 이 좋은 편을 택했다. 파티마는 그 후 가장 좋은 의과대학에 진학했다. 그녀의 꿈은 마취과 의사가 되는 것이다.

닥터 톰은 단기선교사가 어떻게 시간과 물질을 쓰며, 또 긴 안목을 가지고 하나님을 증거할 수 있는지 그 방법 중 하나를 내게 가르쳐주었다.

땅끝에서 오다

호주에 있는 한 한인교회는 성탄절 때가 되면 좋은 단기선교팀을 이 지역에 보내주었다. 수년 동안 계속된 이 선교팀의 헌신은 현지인들뿐만 아니라 우리 선교사들에게도 큰 기쁨이 되었다. 이 팀이 내 사역지로 오게 된 것은 하나님의 오묘한 인도하심 덕분이었다.

국제 기독의사회 총회는 4년마다 열린다. 나는 2006년, 호주 시드니에서 열린 그 총회에 참석하게 되었다. 마침 호주에는 박사과정을 밟는 동서가 살고 있었다. 주일이라 동서가 다니는 한인교회에서 예배를 드리고 점심을 먹다가 그 교회 집사님 한 분과 인사를 나누게 되었다.

그분은 항공사 직원으로 의료선교사를 꿈꾸는 세 딸이 있었다. 1년 후, 그 집사님은 세 딸과 함께 내가 사역하는 곳을 방문해 우리 교회 형제자매들이 정성껏 준비한 성탄 공연을 보고 가셨다. 그 후 5년 동안 우리는 과분한 사랑을 그 호주 한인교회로부터 받게 되었다.

성탄절은 세계 어느 교회나 행사준비로 바쁜 시기일 것이다. 그럼에도 불구하고 그 교회는 매년 성탄절 약 두 주 전부터 열 명 정도의 청년들을 우리 교회에 보내주었다. 그 청년들은 우리 교회 형제자매들과 함께 성탄절 준비를 했다. 공연을 앞둔 며칠 전부터는 현지인 동역자들과 함께 대학가로 나가 어설픈 현지어와 영어를 섞어 쓰며 많은 학생들을 초청했다. 두 군데의 도시를 돌며 성탄절 공연을 했기 때문에 이동거리가 멀고 어려움이 많았지만, 봉사팀원들은 누구도 불평하지 않고 우리를 도왔다.

어느 해인가, 호주 단기선교 팀원 가운데 아주 실력 있는 미용사가 있었다. 공연 당일 우리 형제와 자매들의 화장과 머리를 다 해주었다. 난 우리 교회 자매와 형제들이 그렇게 예쁘고 멋진지를 처음 알았다.

덕분에 그해 공연은 성황리에 끝났다. 단기선교팀들은 호주로 돌아가서도 계속 모임을 갖고 다음 해에 우리 교회를 어떻게 도울지에 대해 고민하고 기도했다고 한다. 매년 그들이 준비해오는 공연 내용은 더 발전되어가고, 그들과 현지 우리 교회 형제자매들과의 우정도 돈독해졌다.

그 단기선교 팀원들 중에는 이전에 왔던 교우들이 절반 넘게 다시 왔다. 책임자인 한 집사님은 직장인이면서도 이 단기사역에 자기 인생의 중심을 두고 있다고 했다. 그분들과 함께 기도하면서, 그분들이 보름 정도의 단기사역을 위해 1년 내내 우리를 위해 기도한다는 사실을 알게 되었다. 평소에 이곳의 현지어를 공부하고, 몇 달 전부터 모여서 이곳의 언어로 찬양을 암송하는 등 선교사와 다름없는 삶을 살고 있었다. 아까운 휴가를 몸과 마음과 영혼을 다해 기꺼이 단기사역에 바치는 그분들의 거룩한 지혜에 장기선교사인 내가 오히려 부끄러움을 느꼈다.

"심판 때에 남방 여왕이 일어나 이 세대 사람을 정죄하리니 이는 그가 솔로몬의 지혜로운 말을 들으려고 땅 끝에서 왔음이거니와……"(마 12:42).

이것이 선교다

간혹 한국에 있는 분들로부터 선교지에서 무엇이 필요하냐는 질문을 받을 때가 있다. 내가 항상 대답하는 말은 이렇다.

"가정교회에 있는 숙소에서 살면서 이곳 청년들과 친구가 되어줄 젊은이들이 필요합니다."

우리가 모이는 장소에는 대부분 숙소가 갖춰져 있다. 때로는 현지인 대학생이 한 명 정도 기거하기도 하는데, 이곳을 관리하면서 그들과 친구가 되어줄 젊은 청년들이 필요하다.

우리를 후원하는 교회 장로님의 아들 지혜라는 청년에게 연락이 왔다. 그 형제는 군대를 다녀와서 편입을 준비하고 있는데 약 10개월 정도 시간이 남아 이곳에 오겠다고 했다. 그 청년은 도착하자마자 우리에게 "정확하게 10개월 후엔 반드시 한국으로 돌아갈 겁니다"라고 못박아 말했다.

얼마 후, 여름방학을 맞아 지혜는 현지인 대학생인 빠오와 같이 빠오의 고향으로 갔다. 약 두 주를 그곳에서 지내고 돌아온 지혜는 무엇인가 달라져 있었다. 온몸은 벼룩에 물린 상처로 벌겋게 부어 있었지만, 그는 별말이 없었다. 그러나 눈에는 예전엔 볼 수 없었던 광채가 났다.

나는 지혜를 식사에 초대했다. 그리고 나도 한 번도 가본 적 없는 빠오의 고향에 대해 넌지시 물어봤다. 지혜의 눈에는 다시 빛이 반짝였다.

"전 빠오의 고향이 그런 곳인지 몰랐어요. 가는 길도 멀고 힘들었지만 그게 문제는 아니었어요. 어떻게 그 큰 민족 중에 예수님을 믿는 사람이 하나도 없을 수 있지요? 그 많은 사람들이 예수라는 이름조차 들어본 적이 없다는 걸 믿을 수 있을까요?"

빠오의 고향은 우선 버스를 타고 두 시간쯤 간다. 차가 갈 수 있는 길은 그것이 전부다. 터미널에서 내려 한참을 걷다가 그 다음에는 경운기를 타고 깎아지른 절벽 사이로 난 길을 곡예하듯 통과해야 한다. 거의 하루가 걸려 도착하면, 무려 5만 명이나 사는 읍 정도의 마을이 나온다. 같이 간 빠오는 이 마을 출신 중에서 처음 나온 대학생이고, 첫 그리스도인이었다.

빠오는 신입생 때부터 우리 모임에 나와 성경을 공부하다가 예수님을 영접하고 핵심 리더로 있었다. 지혜가 빠오의 고향에서 받은 가장 큰 도전은, 빠오의 고향 마을 너머에 그 정도 크기의 읍과 면이 무수히 많이 존재한다는 것과 아직도 그곳은 아무도 복음을 전하러 들어가지 않았다는 것이었다.

지혜는 열 달이 지나도 한국으로 돌아가지 않았다. 2년 동안 우리와 현지의 청년들을 섬기고 귀국했다. 그는 원래 경영학과로 편입하려고 했는데 마음을 바꾸었다. 전공을 이 선교지의 언어학과로 바꾸고, 현재 졸업을 한 후 한 선교단체의 간사로 있으면서 이 나라를 매년 방문하고 있다. 어린 학생들로 이루어진 단기사역팀을 이끌면서 말이다.

또 다른 단기사역자인 존 형제도 기억에 남는다. 존 형제는 키가 190센티미터가 넘는 거구다. 대학 졸업반 때 휴학을 하고 단기사역자로 이곳에 왔다. 그는 교회에서 방 하나를 차지하고 어학공부를 했다. 1년이 채 안 된 탓에 현지어가 그리 능통하지는 않았다.

존은 거의 매주 하루는 현지인 학생기숙사에 가서 자고 왔다. 이곳 남자들의 키는 평균 160센티미터 전후로 그리 크지 않다. 이들에게 맞춰진 학생기숙사 침대는 존의 체구에 비하면 형편없이 작았다. 그런데도 존은 막무가내로 이곳에서 학생들과 함께 뒹굴며 지내는 것을 좋아했다. 이곳의 청년들도 존을 정말 사랑했다.

존은 특히 그중 키가 작은 량량이란 형제와 사이가 좋았다. 어느 토요일이었다. 량량은 황달이 심해져 현지 대학병원에 가서 시술을 받게 되었다. 그러나 현지인 의사의 실수로 소장출혈이 발생했다. 내가 병원으로 심방을 가보니 출혈이 그치지 않아 빈혈이 심해 사경을 헤매고 있었다. 명백한 의료사고였다. 현지인 의사는 자기가 한 시술 때문이 아니라고 발뺌만 하고 있었다. 수혈을 받았지만 근본 원인이 해결되지 않아 결국 큰수술을 받을 수밖에 없었다.

수술 전날이었다. 의사는 수술받는 환자의 목숨을 보전할 수 없다는 일종의 사망예견 통지서를 발행했다. 현지 병원의 독특한 문화였다. 이 통지서는 직계가족에게 직접 통보를 해야 하는데 량량의 부모님은 여기서 기차를 세 번이나 갈아타고 사흘 걸려야 올 수 있는 고향에 살고 계셨다. 수술을 담당한 의사는 일단 전화로 사망예견 통지를 하고 량량을 수술했다.

량량의 아버지는 수술 후 며칠이 지나서야 겨우 도착했다. 어머니까지 오기엔 교통비가 부족했을 것이다. 량량의 부모님은 막노동으로 생계를 이어가는 분들이었다. 아버지는 독자 아들이 살아 있는 것을 보고 눈물을 글썽이며 안심했다. 량량의 아버지는 일 때문에 하룻밤을 지내고 다시 고향으로 돌아가셨다.

수술 전후, 그 긴박한 상황에서 량량과 함께한 사람은 존이었다. 수술 후 보름 동안 존은 매일 새벽에 일어나 량량을 위해 죽을 쑤었다. 현지인 입맛을 잘 모르기에 한국식으로 쌀밥에 고기를 넣고 죽을 만들어 매일 병원에 가지고 가서 량량에게 먹였다.

그곳 사람들은 존의 모습을 다 보고 있었다. 무슨 설명이 필요한가? 예수님의 사랑이 무엇인지, 어떻게 행하는 것인지를 현지인들과 량량의 부모님께 자연스럽게 간증한 것이다. 존은 그들 마음에 복음의 씨를 뿌렸다.

존은 체류 기간이 다 되어 자신의 나라로 돌아갔다. 존이 뿌린 씨앗 위에 누군가 다시 물을 줄 것이고, 또 누군가는 열매 맺는 것을 볼 것이다. 이것이 선교다.

"충성된 사자는 그를 보낸 이에게 마치 추수하는 날에 얼음 냉수 같아서 능히 그 주인의 마음을 시원하게 하느니라"(잠 25:13).

넝마주이 진료소의 기적 - 대장

소장인 십이지장, 공장, 회장을 통과해 대장에 도착한 음식물은 이제 우리 몸에 줄 것이 별로 없다. 모든 것을 우리 몸에 나눠주고 난 그 덩어리는 음식물이라기보다는 배설물에 가깝다. 하지만 그 배설물과 같은 찌꺼기에는 아직 중요한 두 가지 사명이 남아 있다. 남은 수분을 대장이 모두 흡수하게 하고, 점점 딱딱해지고 볼품없는 모습일망정 몸에 이로운 유산균 프로바이오틱스를 돌보면서 남은 생명과 에너지를 바치는 것이다.

넝마주이 진료소의 시작

선교사가 되어 나는 많은 축복을 받았다. 그중 정말 좋은 선배 선교사들을 만난 것이 가장 큰 복이다. 가정의학과 전문의 닥터 윌리엄은 미국에서 왔다. 그는 이 나라의 정부를 찾아가 장애인 학교의 아이들을 돌보고 싶다고 했다. 외국인의 기독교 전파를 금지하는 정부는 비록 닥터 윌리엄이 그리스도인인 줄은 알고 있었지만, 장애인 학생들을 돌볼 별다른 방법이 없었기에 진료의 반경을 학교 내로 국한한다는 조건을 달아 그에게 '장애인 진료소'를 허락했다.

상당한 기금이 이 장애인 진료소로 들어왔다. 적지 않은 장기 혹은 단기 헌신자들도 많이 생겼다. 치과와 재활의학과가 추가로 문을 열었고, 작으나마 입원실도 생겨 시골에서 올라온 환자들과 보호자들이 쉴 수도 있었다.

그러나 생각지 못한 문제가 생겼다. 이 장애인 학교는 대표적인 빈민촌에 위치해 있었다. 애초에 장애인 아이들을 위한 진료소로 시작했는데 도리어 이 동네의 가난한 사람들이 더 많이 몰려든 것이다. 이제는 주객이 전도되어 장애인 학생들보다 빈민가에 사는 넝마주이들이 진료소 환자의 대부분이 되고 말았다.

그런데 왜 이 도시에는 이렇게 넝마주이들이 많이 생겨난 것일까?

그 이유는 도시화에 있었다. 고원의 산골마을에선 어디서 돈이 나올데가 없다. 농사를 짓지만 입에 풀칠을 할 정도니 연간 수입이 한국 돈으로 불과 몇만 원 정도였다. 사람이 사는데 밥만 먹고 살 수는 없고 돈이 들어가야 할 곳은 너무도 많다. 도시에 가서 한 달만 살면서 아파트 근처 쓰레기통을 뒤져 빈병이나 골판지만 주워도 시골의 1년 수입이 나온다는 소문이 꼬리에 꼬리를 물고 산골에 퍼졌다. 사람들은 아무 대책도 없이 아이들과 함께 도시로 나왔다. 도시화라는 공룡은 그렇게 시골 사람들을 도시로 끌고 왔다.

교육을 받지 못한 시골 사람들은 현지어를 구사하지 못해 제대로 된 일자리는 구할 수가 없다. 같이 올라온 아이들은 주민등록이 시골로 되어 있기 때문에 학교에 가지 못해 그냥 빈민가에 방치되었다. 심지어 그들이 사는 동네에는 마실 물이나 화장실도 없었다. 아주 작은 방 한두 개짜리 합숙소에 여러 가정이 같이 살았다. 내가 사는 아파트에서 자전거를 타고 10분만 가면 이 동네를 가로질 수 있는데, 대낮에도 학교에 못 간 많은 아이들이 우두커니 길바닥에 나와 앉아 있었다.

의료보험이 없는 이들이 아프면 그야말로 속수무책이다. 내가 일하는 병원에서 위내시경을 하려면 한국 돈으로 5만 원 정도를 내야 한다. 수면내시경을 처방하면 그만큼이 더 나오고, 조직검사를 하면 또 그만한 돈이 추가된다. 이 비용은 넝마주이들에겐 두 달 이상 벌어야 나오는 돈이니 아파도 병원은 꿈도 못 꾼다. 이 동네에 올 때마다 나는 도시화를 어떻게 복음적으로 해석해야 하는지, 그리고 도시화로 생기는 빈민들을 어떻게 도울 수 있는지 영적, 의학적, 사회학적 방법을 생각하느라 머릿속이 복잡했다. 이를 위한 갈급한 기도가 절로 나왔다.

이곳 정부는 정부대로 걱정이 생겼을 것이다. 외국인이 세운 무료 진료소에 자국 넝마주이들이 매일 밀려드니 근처 병의원에선 수입이 줄어든다는 원성이 높아졌고, 현지 정부의 면허가 없는 외국인 의사들이 활개치는 모습이 그리 고와 보이지는 않았을 것이다.

그보다 더 중요한 문제가 있었다. 이 작은 병원으로 인해 자생적인 교회공동체가 생겨난 것이다. 우리로선 하나님의 은혜요 축복이지만, 이곳 정부로선 눈엣가시 같은 존재였다.

환자가 아닌 현지인들이 넝마주이 진료소와 관계를 맺게 되는 이유는 두어 가지였다. 진료소 직원으로 취직을 하거나 영어를 배워볼까 해서 찾아오는 자원봉사자들이었다. 이들은 예외 없이 그리스도인이 되어갔다. 이 도시의 가장 가난하고 비참한 곳에 열린 진료소는 하나님이 보시기엔 가장 아름다운 장소였다.

여러 번 정부의 보건복지부 관계자들이 진료소의 닥터 윌리엄을 찾아왔다. 그리고 이런 일을 최소화하라는 지시를 했다. 닥터 윌리엄

등 이곳 의사들은 오히려 진료소를 양성화하고 합법화 시켜달라고 요구했지만 의료면허에 대한 정부 측 부담이 커서 협상은 쉽지 않았다.

문을 닫다

나도 일주일에 두 번씩 이곳에서 진료를 했다. 대학병원으로부터 청빙을 받기 전에는 무면허 진료였기 때문에 아주 조심스러웠다. 혹시 의료사고가 나면 정부에 큰 꼬투리가 잡히고 무료 진료소는 문을 닫고 우리는 추방될 게 틀림없었다. 그러나 하나님의 역사는 전혀 예기치 못한 일에서 시작된다.

어느 날 새벽이었다. 한 젊은 엄마가 병든 아이를 안고 새벽 다섯 시에 진료소가 있는 장애인 학교 문을 다급하게 두드렸다. 단잠을 깬 학교 수위는 화가 나서 경찰에 신고했다. 출동한 경찰은 아기가 위급한 상태임을 알고 우선 근처의 병원에 옮겼으나 아기는 그만 죽고 말았다.

불똥은 엉뚱하게 무료 진료소로 튀었다. 현지 경찰과 보건복지부는 아무 잘못도 없는 무료 진료소를 무허가로 몰아 과실치사 비슷한 애매한 죄목을 대며 진료소를 폐쇄해버리고 말았다. 이 일로 십수 년간 넝마주이들의 친구였던 진료소는 문을 닫게 되었다.

당시 무료 진료소의 책임자는 닥터 다니엘이었다. 닥터 다니엘 부부는 모두 의사로서 무료 진료소를 자기 생명처럼 아끼며 돌봤다. 진료소가 폐쇄되었다는 소식을 우리에게 전하면서 닥터 다니엘은 차마 말을 잊지 못했다.

일이 이렇게 커졌지만 우리는 새벽에 아기를 데리고 온 엄마인 페이 탓을 하지 않았다. 페이가 사는 시골은 변변한 의원조차 없는 곳이었다. 아기가 며칠 전부터 울다가 젖도 먹지 못하자 페이는 급한 마음에 밤차를 타고 이 도시까지 왔다. 소문에 넝마주이 진료소에 가면 외국인들이 좋은 약도 주고 돈도 받지 않는다고 했다. 매일 아침 여덟 시에 진료가 시작되는 줄도 몰랐다. 페이는 의사들이 진료소에 상주하는 줄 알고 새벽 그 시간에 달려온 것이다. 의사이기에 앞서 세 아이의 아비인 나는 그 마음을 충분히 이해하고도 남는다.

페이와 남편 치앙은 아기를 잃은 슬픔 속에서도 경찰에 불려가 여러 번 조사를 받으며 고통을 당했다. 치앙 부부에겐 죽은 아이 위로 큰딸 호아가 있었다. 그들이 경찰에서 조사를 받을 땐 진료소에서 일했던 현지인 우리 자매들이 호아를 돌봐주었다. 그 자매들도 진료소가 폐쇄되어 직장을 잃게 되었지만 원망하지 않았다. 갈 곳이 없던 페이와 치앙은 이 일을 계기로 무료 진료소를 통해 시작된 현지인 교회 공동체에 들어와 예수님을 믿게 되었다.

어느 날, 닥터 다니엘이 그 공동체를 방문했다가 치앙이 기침하는 모습을 보게 되었다. 진찰을 해보니 치앙은 결핵에 걸려 있었다. 치앙은 피골이 상접할 정도로 말랐지만, 그것이 결핵 때문인 줄은 전혀 모르고 있었다. 닥터 다니엘의 정성 어린 치료로 치앙은 결핵에서 벗어났고, 아내인 페이는 공동체의 도움으로 제과점에 취직이 되었다.

치앙과 페이, 그리고 예쁜 딸 호아를 보노라면 하나님의 사랑이 새삼 감격스럽다. 주님은 이 가족을 당신 앞으로 인도하기 위해 이런 여러 가지 어려움을 겪게 하셨나보다.

넝마주이 진료소는 폐쇄되었지만, 책임자인 닥터 다니엘은 매일 출근하면서 기도와 침잠의 시간을 가졌다. 무려 1년 반을 그렇게 인내하며 하나님의 때를 기다렸다. 환자들은 여전히 찾아왔지만, 무서운 학교 수위 때문에 들어오지도 못하고 쫓겨났다. 심지어 무료 진료소의 의사였던 나도 미리 전화를 해서 진료소의 비서가 나와 학교 수위를 설득해야 겨우 들어갈 수 있었다.

닥터 다니엘은 넝마주이 진료소를 열기 위해 거의 하루도 거르지 않고 정부청사에 출입했다. 그러나 보건복지부는 안기부로, 안기부는 행정자치부로 서로 책임을 전가할 뿐이었다. 그 사이 많은 넝마주이들이 진료를 받지 못해 큰 고통을 겪는다는 소식이 들려왔다.

닥터 다니엘은 진이 다 빠져버렸다. 정부관료들을 만나면 선문답을 하듯 말이 맴도니 충분히 그럴 만했다. 다니엘의 모습은 마치 소장을 빠져나온 음식물 같았다. 다니엘 부부가 청춘을 바친 넝마주이 진료소의 사역은 해가 지듯 자취도 없이 사라질 운명에 가까워지고 있었다.

닥터 다니엘은 아브라함의 종 다메섹의 엘리에셀을 생각나게 하는 사람이었다. 그의 눈은 이 가난하고 비참한 곳에 어디 더 나눠줄 곳은 없는지 찾느라 활활 불타올랐다.

엘리에셀은 아브라함이 아들 이삭이 생기기 전까지 후계자로 여겼던 사람이다. 그는 아브라함의 부탁으로 이삭의 아내를 구하기 위해 아브라함의 고향인 메소포타미아까지 먼 길을 떠났다. 왕복으로 1,700킬로미터가 넘는 이 여행길은 노인인 엘리에셀이 감당하기에 힘든 여정이었다. 그러나 그는 주인 아브라함의 뜻에 따라 신실하게 자신의 일을 완수해 이삭의 아내가 될 리브가를 데리고 무사히 돌아왔다. 후계자도 아니고 다른 큰 보상이 기다리는 것도 아닌데 엘리에셀의 삶의 자세는 철저히 주인의 유익을 위하는 종의 모습이었다. 그는 하나님이 도우시어 주인 아브라함의 소원대로 언약을 성취해주실 것을 위해 살았으며, 이를 위해 온갖 역경을 기쁘게 감당했다. 성경은 그의 충성심을 세세하게 기록하고 있다.

그를 지칭할 때 엘리에셀이란 이름 대신 '종'이란 단어가 주로 나온다. 창세기 24장에는 이 '종'이란 단어가 열여섯 번이나 언급된다. 마치 신약에서 예수님이 말씀하신 '무익한 종'의 모습이다. 닥터 다니엘뿐만 아니라 무료 진료소의 의사들은 그렇게 무익한 종들처럼 가난한 넝마주이들과 이웃을 섬겼다.

결국 닥터 다니엘 부부는 미국으로 돌아가기로 했다. 다니엘은 그동안의 행정 절차를 담은 일체의 서류들을 후임인 닥터 조녀선에게 넘겼다. 본국으로 돌아가는 닥터 다니엘 부부와 딸을 보며 만감이 교차했다. 우리는 그와 그의 가족을 축복하며 보내주었다. 그러나 누구도 넝마주이 진료소가 다시 문을 열게 될 날이 오리라고는 기대하지 않았다.

반전에 반전

넝마주이 진료소가 문을 닫은 동안, 나는 그 장애인 학교 담벼락을 만지며 기도했다. 단기선교팀이 오면 함께 선교지역을 걸으며 기도를 했는데, 폐쇄된 넝마주이 진료소에는 꼭 가서 더 열심히 기도했다. 고난주간에는 학교 담벼락에 꽂아놓은 창살을 어루만지면서 찬양을 불렀다.

> 거기 너 있었는가 그때에
>
> 주님 그 십자가에 달릴 때
>
> 오, 때로 그 일로 나는 떨려 떨려 떨려
>
> 거기 너 있었는가 그때에(찬송가 147장)

죽어가는 어린 아기를 안고 밤차를 타고 와서 닫힌 학교 문을 두드리며 울부짖던 페이의 눈물과 찢어지는 심정이 떠올랐다. 그 새벽, 주님도 보고 계셨을 진료소의 문은 쉽게 열리지 않았다.

무료 진료소가 폐쇄된 지 2년이 다 되어가는 어느 날이었다. 진료소 책임자인 닥터 조너선이 합심기도를 제의하며 자기 집으로 우리를 다 불러모았다. 조너선의 집으로 가보니 정작 조너선은 없고 헨리 선교사가 우리를 맞았다. 헨리는 닥터 조너선이 이 나라 건국절 행사에 초청받아 간 닥터 라이언의 전화를 받고 급히 그곳으로 갔다면서 무슨 이유인지는 모르나 함께 기도하자고 했다. 우리는 모두 간절히 기도하며 그들을 기다렸다.

얼마의 시간이 흐른 후 닥터 라이언과 닥터 조너선이 흥분한 채 돌아왔다. 그들이 전해준 소식은 놀랍고도 감격적이었다.

현지 의대에서 보건행정학 교수로 일하는 닥터 라이언은 이곳 대학의 외국인 교수들과 함께 건국절 행사에 초청을 받았다. 행사상에 들어갈 때 좌석 배치에 따른 명찰을 받았는데, 닥터 라이언의 명찰은 다른 외국인 교수들의 것과는 조금 달랐다. 행사 진행자는 닥터 라이언의 명찰을 보고 그를 행사장 맨 앞, 그것도 일곱 명이 앉는 VIP석으로 보이는 원탁으로 인도했다. 다른 동료 외국인 교수들은 모두 맨 뒷자리로 가서 앉았는데 말이다. 닥터 라이언은 이상했지만 바쁜 행사요원에게 묻기도 어려워 그냥 자리에 앉았다.

잠시 후, 닥터 라이언이 앉은 원탁 자리로 처음 보는 외국인 세 명과 정부관료로 보이는 현지인 세 명이 와서 앉았다. 행사가 끝나고 식사를 하는데 닥터 라이언 앞쪽에 앉은 외국인이 영어로 불평을 했다.

"이 나라는 아파도 갈 수 있는 병원이 없어요."

정부관료로 보이는 현지인들이 닥터 라이언에게 통역을 해달라는 듯 쳐다보기에 이곳 언어와 영어에 모두 유창한 라이언이 외국인의 말을 전해주었다. 그 외국인은 알고 보니 어떤 나라의 대사였다.

닥터 라이언의 통역을 들은 이 나라 관료로 보이는 왼쪽 남자가 매우 자존심이 상한 듯 말했다.

"대사님, 이곳에도 좋은 대학병원이 있습니다."

대사가 대답했다.

"영어를 한마디도 못하는 병원 의사들과는 제대로 의사소통이 안 되어 치료를 받을 수 없습니다. 그리고 여기 의사들은 우리가 어디가 아픈지는 잘 들어보지도 않고 처방전 발행에만 급급합니다. 나도 헛갈리는 증상으로 무슨 과의 어떤 교수를 찾아갈지 모를 때 여기 병원에 가면 정말 난감합니다. 병원 수위가 가라는 과로 가야 되니까요."

곁에 앉아 있던 다른 외국인 두 사람도 동조한다는 듯 고개를 끄덕였다.

닥터 라이언 왼쪽에 앉아 있던 남자가 대사의 말에 상당히 언짢았는지 다른 탁자에 앉은 한 관료를 불렀다. 알고 보니 닥터 라이언 왼쪽에 앉은 남자는 이 지역 정부의 넘버원 최고책임자였다.

"이게 어찌 된 일입니까? 왜 여기 계시는 대사님들을 불편하게 해 드리는 겁니까?"

최고책임자는 관료에게 호통을 쳤다. 관료는 보건복지부 장관이었다. 야단맞은 보건복지부장관은 영연방국가에서 유학을 한 현지인 의사 출신이었다. 그는 이렇게 변명했다.

"대사님들의 고충을 이해합니다. 우리나라 의사들이 영어를 잘 못하고, 또 가정의학과가 없는 이곳 현실상 증상에 따라 환자들을 제대로 모실 만한 준비가 되어 있지 않습니다. 아직 외국인 의사가 없는 것을 이해해주세요. 차차 해결할 준비를 하고 있습니다."

그때였다. 닥터 라이언이 자기도 모르게 소리를 질렀다.

"그게 무슨 소리입니까? 영미권에서 온 여러 명의 외국인 의사들이 오래전부터 이곳에서 진료를 해왔습니다. 이제 허가를 받고 정식으로 진료하길 오매불망 기다리고 있는데, 매일 보건복지부에 가서

탄원을 해도 들은 체도 하지 않습니다."

갑자기 그 자리에 있는 모든 사람들이 얼어붙었다.

"아니 이 도시에 외국인 의사가 살고 있다고요?"

한 대사가 놀라며 닥터 라이언에게 물었다. 그러자 최고책임자 옆에 앉아 있던 별 네 개가 붙은 군복을 입은 장군이 닥터 라이언을 보며 말했다.

"아니 당신이 그걸 어떻게 알아? 통역 주제에."

"통역이라니요? 나 역시 외국인 의사입니다."

닥터 라이언의 말에 행사장은 아수라장이 되었다. 난리도 그런 난리가 없었다고 한다. 최고책임자는 비서실장을 부르고, 비서실장은 의전경호관에게 호통을 쳤다.

"아니 왜 저 외국인 의사가 VIP 옆에 앉아 있는 건가?"

문제는 명찰에 있었다. 닥터 라이언은 통역용 명찰을 달고 있었던 것이다. 물론 아무도, 왜, 그런 일이 일어났는지 알지 못했다.

최고책임자는 보건복지부 장관에게 이곳에 사는 외국인 의사들에게 면허증을 발급하는 것에 대해 닥터 라이언과 상의하라고 명령을 내렸다. 그리고 닥터 라이언의 말이 사실이라면 이 고마운 분들을 잘 모시라고 덧붙이고 자리를 떠났다.

보건복지부 장관은 즉시 닥터 라이온에게 무료 진료소의 책임자를 만나겠다고 했다. 닥터 라이온은 급히 진료소 책임자인 닥터 조너선에게 전화를 해서 그곳으로 오라고 했다.

나중에 알고 보니 미국으로 돌아간 전임 무료 진료소 책임자 닥터 다니엘이 만났던 보건복지부 공무원들이 이 사실을 상부에 올리지도 않아 장관은 아무것도 모르고 있었다.

그날 저녁에 일어난 기적을 우리 가운데 누구도 예측할 수 없었다. 다만 확실한 것은 건국절 행사장에서 그 난리가 난 시간에 인근에 사는 의료선교사들이 처음으로 함께 모여 주님께 기도했다는 사실이다. 진료소가 문을 닫은 2년 동안 우리는 이렇게 모여 기도한 적이 없었다.

참으로 부끄러웠다. 주님은 다른 사람이 아닌 우리 선교사들이 합심해서 기도하기를 기다리고 계셨던 것이다.

사망아 네가 쏘는 것이 어디 있느냐

닥터 조녀선은 곧바로 보건복지부 장관에게 구체적인 청사진을 제출했다. 모든 것은 전임 닥터 다니엘이 미래를 내다보며 철저하게 자료를 준비해놓은 덕분이었다. 닥터 다니엘은 진료소가 폐쇄된 그 암담했던 시간에도 기도하면서 필요한 서류들을 다 준비해놓았다. 얼마쯤 되는 공간이 필요하며, 몇 명의 인원이 일해야 하는지, 그리고 어떤 질병들을 치료해야 하는지 꼼꼼하게 기록한 닥터 다니엘은 자신의 모든 것을 다 이곳에 바치고 떠난 것이다. 그는 미국에 돌아가서도 우리를 위해 기도하고 있었다. 다시 열게 된 진료소가 더 멋지고 새로운 병원이 되는 데 그는 꼭 필요한 프로바이오틱스 역할을 해주었다. 피날레는 이것이 아니었다. 진짜 해피엔딩은 진료소가 허가를 받아 문을 연 첫날에 일어났다.

넝마주이 진료소의 마지막 환자는 아무도 그 얼굴을 보지 못했다. 페이의 아기는 진료소 문으로 들어오지도 못하고 죽었으니 말이다. 하여튼 건국절 행사장의 기적 같은 난리 후, 무료 진료소는 비록 시 외곽이지만 정부에서 지정해준 말끔하게 새로 지은 2층 건물로 이사했다. 세 개의 진찰실에 검사실과 세미나실까지 갖춘 멋진 진료소였다. 닥터 조너선은 미국에서 찬조를 받아 첨단 진료프로그램까지 각 진찰실 컴퓨터에 설치했다. 전산화까지 된 것이다. 그곳에 갈 때마다 나는 꿈을 꾸는 것 같았다.

병원의 모든 시설이 갖춰진 지 여러 달이 지났는데도 최종허가가 나오지 않았다. 보건복지부 장관의 재가가 났지만, 명령을 이행할 아랫사람들까지 오는 데는 여러 개의 도장이 필요했다.

의사들은 매일 한 사람씩 돌아가며 당직을 섰다. 언제 허가서가 도착할지 모르기 때문이었다.

진료소 광고도 낼 수 없었다. 가끔 입소문을 듣고 넝마주이들이 와서 진료를 청했지만, 도로 돌려보냈다.

그 역사적인 날은 오고야 말았다. 마침 닥터 조너선이 당직을 선 날이었다. 사실 닥터 조너선은 당직이든 아니든 매일 출근해서 기도하며 허가서를 기다리고 있었다. 그날 아침 일찍 보건복지부 관리가 허가서를 들고 직접 진료소를 방문했다. 그는 영어로 우리에게 행운까지 빌어주어 진료소 사람들을 한껏 기쁘게 해주었다.

닥터 조너선은 허가서를 벽에 걸었다. 그리고 비서인 샤샤에게 무료 진료소의 문을 활짝 열라고 말했다. 샤샤가 진료소의 문을 열자마자 바로 한 가족이 진료를 받을 수 있냐며 들어왔다. 갓난아기가 기침이 심하다면서.

샤샤에게 첫 환자가 왔다는 말을 들은 닥터 조너선은 너무 기뻐서어서 진료실로 모시고 오라고 했다. 감격적인 첫 환자가 들어왔다.

"환영합니다."

닥터 조너선이 외쳤다. 그리고 잠시 후 조너선은 자기 눈을 믿을 수 없었다.

새로 문을 연 무료 진료소의 첫 환자는 열흘 전 태어나 강보에 싸여 들어온 페이의 새 아기였다. 진료소가 새로 문을 연다는 소문만 듣고 무작정 찾아왔는데 도착하자마자 문이 저절로 스르륵 열렸다고 말하면서 페이가 아기를 안고 들어왔다. 그녀의 뒤를 따라 결핵에서

닝마주이 진료소의 마지막 환자의 엄마는 다시 연 진료소의 첫 환자의 엄마가 되었다. 2년 전, 죽어가는 아기를 안고 울던 그때의 애통함은 사라졌다. 새 아기를 안은 페이의 얼굴은 기쁨과 소망으로 환하게 밝았다.

벗어난 건강한 남편 치앙과 그 사이에 훌쩍 큰 예쁜 딸 호아가 수줍어하며 들어왔다.

닝마주이 진료소의 마지막 환자의 엄마는 다시 연 진료소의 첫 환자의 엄마가 되었다. 2년 전, 죽어가는 아기를 안고 울던 그때의 애통함은 사라졌다. 새 아기를 안은 페이의 얼굴은 기쁨과 소망으로 환하게 밝았다.

그날은 부활절 후 첫날 월요일이었다. 새로 연 진료소의 첫 손님이 페이네 가족이라는 소식을 들은 나는 넝마주이 진료소의 대장이었던 닥터 다니엘이 자꾸만 떠올랐다. 군대의 최고인 그 대장(大將)이 아니다. 모든 것을 다 내어주고 찌꺼기로 남은 황금색 면류관의 주님의 훌륭한 종, 바로 우리 소화기의 말단 그 대장(大腸) 말이다.

"사망아 너의 승리가 어디 있느냐. 사망아 네가 쏘는 것이 어디 있느냐"(고전 15:55).

내 영혼의 실험실

성경의 시작인 창세기에서 하나님께서 인류에게 하신 최초의 질문은 두 가지다.

"네가 어디에 있느냐"(창 3:9).

"네 아우 아벨이 어디 있느냐"(창 4:9).

대학생들과 창세기를 공부하다보면 이 두 질문에서 참 많은 대화를 하게 된다. 하나님은 이 질문을 통해 죄에 빠진 나를 부르셨고, 또 우리 교회의 수많은 청년들을 부르셨다. 변화된 청년들을 보는 것은 나의 큰 기쁨이었다.

선교지에서 처음에는 주로 대학생들과 성경공부를 했는데, 점점 그 반경이 확대되었다. 젊은 직장인들과 넝마주이 진료소에서 만난 시골에서 올라온 일용직 사람들과 그 자녀들이었다.

사실 나는 대학생들에게 복음을 전하는 데 익숙해 있었다. 내 자신이 그 나이에 예수 그리스도를 영접했고, 대학생 선교단체에서 훈련을 받았으며 그곳에서 간사로 사역했다. 나는 어느 나라이든지 대학생들이 미래의 주역이며 사회를 변혁시킬 수 있다고 믿는다.

이런 사역방향은 아마도 내 자신의 신앙 배경과 깊은 상관이 있을 것이다. 나는 보수적이고 전통적인 가정환경에서 교육을 잘 받은 기독교인인 셈이다. 아버지가 돌아가신 후에는 가난했지만, 성인이 된 다음에는 끼니나 병원비를 걱정하거나 신앙적인 이유로 절대적인 핍박을 경험해보지 못했다. 그러나 선교사로 와 있는 이 나라에선 하루의 끼니와 병원비와 신앙적 이유로 인한 핍박 세 가지 모두를 겪는 성도들과 함께 지내게 되었다. 이런 형제자매들과의 동고동락은 나에게 "너희는 택하신 족속이요 왕 같은 제사장들이요 거룩한 나라요 그의 소유가 된 백성이니"(벧전 2:9)라는 성경말씀과 마르틴 루터의 '만민제사장'을 체험하게 한 내 영혼의 실험실이 되었다.

현지에서 시작했던 작은 교회에 싱싱과 피비 부부가 소개받아 나오게 되었다. 그들은 이 나라에서도 소문난 벽촌에서 왔고, 중학교까지만 공부한 사람들로 일용직에 종사하고 있었다. 남편인 싱싱은 거의 백수에 가까웠고, 아내인 피비는 돈이 되는 일은 무슨 일이든 마다하지 않는 막일꾼이었다.

그들이 사는 집을 방문했다. 쓰레기더미가 산처럼 쌓여 낮에도 햇빛 한 점 들지 않는 골목 길갓집이었다. 창문은 촘촘한 쇠창살에 가려 밖이 보이지 않았다. 영락없는 감옥 같았다. 그런데도 여름에 창문을 열어놓으면 도둑이 낚싯대로 집안에 있는 작은 물건들을 훔쳐간다고 했다. 휴대폰도 서랍에 넣고 자야지 그렇지 않으면 낚인다고 했다.

대학생들만 주로 상대해왔던 내가 어떻게 이들 부부를 도울 수 있을지 걱정했다. 그러나 하나님 안에선 학벌도 고향도 직업도 문제가 되지 않았다.

아내인 피비는 학교는 많이 다니지 않았지만 굉장히 총명했다. 교회에 나온 지 얼마 안 되어 주님을 깊이 신뢰하게 되었다. 어느 날, 내 동역자 하나가 피비에게 설교를 시킨 적이 있었다. 피비는 정말 감동적인 설교를 했다. 피비는 계절 신학교에 등록하여 목회학 학사과정을 모두 이수하고 대학생교회를 섬기게 되었다.

피비의 아들 이레는 천식 등 각종 알러지 질환에 시달렸다. 먼지가 풀풀 날리는 쓰레기 동네의 피비 집에는 누가 살아도 천식에 걸릴 판이었다. 피비는 아들이 숨을 못 쉬고 괴로워해도 참고 참다가 미안해하며 내게 전화를 했다. 찾아가보면 이레는 쌕쌕거리며 기침을 하고 있다가 나를 보고 큰아버지라고 부르며 좋아했다.

피비는 아들의 이름을 '여호와께서 공급하신다'(창 22:14)는 뜻의 이레로 지었다. 그녀는 가난한 중에도 손님 대접을 했다. 진료가 끝나면, 식사 때가 되었든 안 되었든 나를 위해 국수를 끓여주었다. 따뜻한 국수 안에 주님의 말씀이 있었고, 먼지구덩이 속에서 쌕쌕 숨쉬며 기침을 하는 예수 그리스도가 보였다.

피비의 집을 나서면 공사장 덤프트럭이 동네 입구부터 쓰레기와 먼지를 쏟아붓고 있었다. 윙윙대는 트럭의 소음 안에서 세미한 주님의 음성이 들리는 것 같았다.

"너는 누구며 어디에 있느냐?"

이곳 명문 대학을 졸업한 형제들 가운데는 사례금도 주지 못하는 현지 교회의 전도자로 남기를 원하는 사람도 있었다. 행상을 해서 어렵게 번 돈으로 학비를 보내준 부모님께 미안해하면서도 그들은 그 길을 택한다. 무엇이 그들을 그렇게 변화시키는지는 주님만 아신다.

넝마주이 진료소에서 만난 형제자매들은 병원에 올 때 빈손으로 오지 않고 자주 달걀과 차, 그리고 무거운 무를 몇 개씩이나 들고 왔다. 해바라기 씨앗은 말할 것도 없다. 그 사랑의 공급 덕분에 우리들은 정말 맛있게 잘 먹었다. 이사할 때는 일용직 노동으로 사는 형제들이 하루 품삯을 포기하고 자기 집 이사하는 것처럼 손수레를 같이 끌며 도와주었다. 나는 그들과 만나며 경계를 넘어선 그리스도 안의 형제 사랑을 배웠다.

하나님의 두 번째 질문, "네 아우는 어디 있느냐?"는 나의 형제자매, 이웃과의 연대감에 관한 질문일 것이다. 나는 이 질문 앞에서 정직하게 매일 매일의 삶을 돌아보았다.

가인은 동생 아벨을 죽였다. 인류 최초의 살인자가 되었다. 그가 동생을 죽인 것은 피를 나눈 형제이며 가장 가까운 대화상대를 없앤 것이리라.

나는 하루 종일 환자를 돌보고, 시간을 내서 성경을 가르치며 대화를 한다. 내 심령 속에서 주님은 "네가 섬기는 진짜 네 이웃과 무슨 대화를 나누었느냐"고 물어보신다. 또 이렇게도 물어보신다.

"너를 찾아오는 환자들과 형제자매들을 너는 모두 하나님의 형상으로 대하고 있느냐?"

이는 다른 말씀으로 하면 "네가 나를 사랑하느냐……내 양을 먹이라"(요 21:17)다.

나는 그리스도를 사랑하지 않고는 그분의 양들을 사랑할 수 없다. 내 인간적인 사랑으로는 절대로 불가능하다.

폴 투르니에의 『인간이란 무엇인가?』라는 책에 이런 글이 있다.

"우리는 예수 그리스도를 떠나서는 우리의 삶과 죽음, 하나님과 우리 자신이 무엇인지 알 수 없다. 그러므로 예수 그리스도만이 유일한 목적인 성경이 없으면 우리는 아무것도 알지 못하고, 하나님의 본질에 대해서나 우리 자신의 본성에 대해서도 애매하고 혼란스런 지경을 벗어나지 못할 것이다."

선교지에서 다양한 형제자매들과 만나며 나는 인간이 그리스도 없이 이웃과의 대화를 회복할 수 없다는 말씀을 경험했다. 어쩌면 이 사실을 가르쳐주기 위해 주님은 나를 멀고 먼 타지 이 히말라야 고원으로 보내어 양육하신 것은 아닐까? 이곳은 진정한 내 영혼의 실험실이다.

올곧게 처리해야 할 일에 대하여 – 직장

구불구불한 큰창자(대장)의 마지막은 의외로 후복막에 의해 고정된 올곧은 장, 직장이다. 신기하게도 창자의 시작인 십이지장과 길이가 거의 같은 12센티 정도의 직장은 흐물거리는 배설물이 바나나와 같은 고정된 형태로 잘 나오라고 후복막에 붙잡힌 채 넓은 터널 모양의 관으로 존재한다. 그 관이 막히는 순간, 인간은 살 수 없다.

깊은 흉터

소화기내과 의사로서 가장 끔찍한 암을 고르라면 바로 직장암이다.

이곳이 막혀 뚫어주길 바라는 환자의 흑색으로 변한 얼굴과 세상의 고통을 한몸에 짊어진 그 표정을 잊을 수 없다. 마찬가지로 가장 처참한 선천성질환을 말하라면 항문이 막힌 채로 태어난 아이들이다.

많은 사람은 먹지 못해 굶어 죽어가는 식도암을 가장 끔찍한 암으로 여기지만, 배설을 못해 죽는 괴로움은 어떻게 형용할 수 없다. 매일 아침 화장실에서 비워내는 깨끗한 배설은 하나님께서 주신 정말 큰 축복 중 하나다. 아는 사람은 안다.

나도 이제 머리카락이 희끗한 나이가 되자 사람들이 내게 이것저것 충고를 해준다. 언제 한국에 돌아올 거냐고, 더 늦기 전에 한국에 와서 다시 의사로 일해야 노후가 준비되지 않겠냐고. 아이도 셋이나 되니 교육비와 앞으로 먹고살 길을 궁리해야 한다는 걱정스러운 충고들이다. 그런데 내게는 앞으로 먹고사는 것보다 더 중요한 일이 있다. 어떻게 하면 내 몸에 남아 있는 지금까지 먹은 것들을 깨끗하게 잘 처리할 것인가에 대한 문제다. 선교지를 떠나며 제일 먼저 떠오르는 사람이 아푸와 아더 형제다.

아푸는 산골마을의 평범한 20대 후반의 청년이다. 사실 '아푸'라는 이름은 메콩 강 유역 고원지대에 흩어져 사는 소수민족에겐 대단히 흔하고 평범한 이름이다. 이 소수민족은 큰 아들을 낳으면 무조건 아푸라는 이름을 짓는다. 둘째 아들의 이름은 '아더', 셋째 아들은 '아키이'라고 부른다.

딸 역시 순서대로 '아나', '아니', '아치아', '아두'라고 부른다. 넷째, 다섯째도 이름이 있는데 기억이 나지 않는다. 이 민족은 다산의 풍습이 있기 때문에 거의 모든 가정에 이 이름들이 순서대로 있다. 사람들은 이 민족의 이름 짓는 풍습을 보고 재미있게 여기며 다들 궁금해한다.

"자식들 이름이 다 똑같으면 누구네 애들인지 어떻게 구별하지?"

외지인들이나 헷갈리지 이 마을 사람들은 그리 불편해하지 않는다. 예를 들어 '곱슬머리 아푸', '복숭아나무네 아나'라고 부르면 된다. 우리나라에서도 예전엔 그렇게 불렀다. 내 어머니도 친정 동네 이름을 따서 '성중댁'이라고 불리셨다.

아푸는 복촌에 사는 리 선생의 소개로 외국인 의사인 쿠퍼를 만나게 되었다. 닥터 쿠퍼는 한 기독교단체로부터 매년 일정한 금액을 후원받아 복촌 사람들을 치료해주었다. 현지어가 서툰 닥터 쿠퍼를 도와 자원봉사를 한 청년이 아푸였다. 아푸는 현지의 표준어에 능통했다.

복촌 사람들의 병은 대부분 결핵이었다. 그것도 여러 약물에 내성이 생겨 쉽게 치료되지 않는 결핵이라 대부분 비참하게 죽어갔다. 험산준령에 사는 이 민족에겐 벼농사를 짓고 가축을 기를 평지가 없어 먹을 것이 절대적으로 부족했다. 마을 사람들은 대다수가 영양실조에 걸려 있었다. 결핵은 영양실조의 가장 위험한 합병증이다.

일단 결핵이 발병되면 최소한 6개월 동안 여러 항결핵제를 꾸준하게 복용해야 하는데, 가난하고 의료보험이 없는 그들은 기침이나 피를 토하는 각혈이 발생해야 병원을 찾아간다. 하루 혹은 이틀 동안 산길을 걸어가 조금 큰 동네의 약국에서 약을 청하는데 돈이 없어 며칠 분의 결핵약만 사가지고 돌아온다. 이런 일이 반복되다 보니 결국은 여러 결핵약에 모두 내성이 생기는 최악의 상태로 전락한다. 최근에는 이곳에도 의료보험이 실시되어 결핵약 값은 받지 않지만, 병을 진단하는 데 드는 외래진료비는 국가가 지원하지 않는다.

이 마을에 사는 사람들의 처지를 좀 더 자세히 얘기해보겠다. 그들의 주된 식량은 산비탈에 심은 옥수수와 오두막 뒤에서 기르는 닭 몇 마리뿐이다. 옥수수는 양날의 검과 같다. 옥수수는 주식이지만, 뿌리가 깊지 않아 우기에는 옥수숫대가 통째로 비에 휩쓸려가면서 산사태를 일으킨다. 산 중턱보다 더 높은 곳, 숨이 헉헉 찰 만큼 가파른 곳에 심은 옥수수는 산 아래를 향해 비스듬하게 자란다. 경사가 심해서 그렇다.

몬순의 영향으로 집중호우가 쏟아지는 여름철엔 끔찍한 산사태가 일어난다. 매년 여러 가옥들을 덮쳐 이 마을 사람들의 주요 사망원인이 된다. 산사태를 피하려면 옥수수를 집에서 멀리 떨어진 곳에 심어야 하는데 마땅한 농경지가 없으니 사람이 죽어도 또 집 근처 산비탈에 심는다. 나는 이곳을 방문할 때마다 그들의 어찌할 수 없는 처지가 안타까워 눈시울을 적시곤 했다.

내가 처음 이곳을 방문했을 때 일이다. 간이 진료실로 할아버지 한 분을 동네 사람이 모시고 들어왔다. 내 앞에 앉은 할아버지는 아무 말을 하지 못하셨다.

"어디가 불편하십니까?"

내가 물어도 할아버지는 그저 입을 꾹 다물고 있을 뿐이었다. 마치 넋을 잃은 것 같았다. 내 옆에서 통역을 해준 예시 할머니가 그 할아버지의 사정을 전해주었다.

그 할아버지는 최근 수년 동안 산사태와 결핵으로 고아가 된 아이들 몇 명을 수양자녀 삼아 기르고 있었다고 한다. 이 민족은 고아가 된 아이들을 가까운 친척 등이 성인이 될 때까지 돌보는 좋은 전통이 있다. 할아버지네 오두막에는 수양자녀들을 비롯해 3대에 걸친 십수 명의 가족들이 오순도순 살고 있었는데, 얼마 전 산사태로 할아버지만 살아남고 모든 식구들이 매몰되어 사망했다. 할아버지는 그 충격으로 말을 잊었다고 한다.

깊은 주름에 덮인 할아버지의 슬픈 눈과 굳게 다문 입술이 말로 표현할 수 없는 고통을 그대로 드러내고 있었다. 할아버지의 모습은 내 가슴에 잊지 못할 깊은 흉터처럼 남아 있다.

살 수 있는 순서

복촌에 가서 환자들을 돌보는 외국인 의사는 닥터 쿠퍼와 나를 비롯해 대략 다섯 명 정도였다. 나는 대학병원에서 정식으로 일해야 했기에 자주 갈 수는 없고 휴가를 내서 방문했다. 대신 그곳에서 진찰을 한 의사들이 이메일이나 인편으로 엑스레이를 보내오면 나는 그것을 보고 필요한 처방을 내리고 약을 사서 소포로 보냈다.

그중 현지에서 해결이 안 되는 환자들은 예시 할머니나 아푸의 도움을 받아 내가 근무하는 병원으로 왔다. 복촌을 떠나 이미 이 도시에 나와 살고 있는 아푸는 점점 더 중요한 역할을 맡게 되었다. 아푸는 야간 버스를 타고 시외버스 터미널에 도착하는 환자를 데리고 숙소로 가서 쉬게 한 다음 병원에 데려왔다. 복촌에서 이곳까지 오려면 며칠을 고생해야 한다.

복촌의 환자들을 돕는 닥터 쿠퍼의 기금은 넉넉하지 않았다. 안타깝지만 기준을 두고 환자를 선별했다. 기본적인 결핵환자 혹은 한 번의 수술로 치료 가능한 경우에만 혜택을 주었다. 치료가 불가능한 환자나 평생 치료해야 하는 만성질환자는 도울 수 없었다.

현지 의료비는 터무니없이 비쌌다. 예를 들자면, 피를 토하거나 복통이 심한 사람은 우선 위내시경과 피 검사를 받아야 하는데, 내가 현지에 있었을 땐 이런 검사만 하더라도 드는 비용이 복촌 농민들이

1년 동안 농사를 지은 총수입보다 더 비쌌다.

대학병원에서 일하는 외국인 의사로서 나는 이들의 치료비 감면에 어떠한 도움도 줄 수 없었다. 내가 할 수 있는 일은 불필요한 검사를 줄이고 가장 비용이 덜 들면서도 효과적인 치료 방법을 연구하는 것이었다. 닥터 쿠퍼는 내가 연구를 잘해준 덕분에 기금이 덜 마르게 되었다고 기뻐했다. 나 역시 환자들을 최대한 저렴하게 치료해주고 완쾌시켜 고향으로 돌아가게 하는 일에 큰 보람을 느꼈다.

그러나 환자를 선별하는 문제에는 늘 고통이 뒤따랐다. 복촌에서 올라오는 환자들은 출혈로 인한 빈혈이 있었고 내시경을 하면 중요한 이상이 관찰되었다. 다행히 양성 소화성궤양이면 약물로 치료될 수 있기 때문에 기금으로 고쳐주었다. 그러나 간경화로 인해 식도혈관이 부풀어 오른 상태거나 위암으로 인한 악성궤양일 경우에는 응급처치만 할 수 있었다. 출혈이 있는 식도혈관을 묶거나 주사로 약물을 집어넣어 피를 멈추게 하는 일회성 치료였다. 근본적인 간경화 혹은 간암은 단기간에 적은 비용으로 치료할 수 없어 응급처치만 하고 산골로 돌려보냈다. 환자들은 이런 응급처치만 받고도 고마워하며 집으로 돌아갔다. 그러나 대부분은 다시 얼굴을 보지 못했다. 그분들은 머지않아 다시 출혈이나 기타 합병증이 생겨 돌아가셨을 것이다.

복촌의 환자들에게서 암을 발견하면 환자에겐 병명을 말하지 않고, 보호자에게만 암이라고 알리고 상의한다. 현지의 관습에 따르면, 암이나 중병으로 환자가 죽을 때까지도 의사는 환자에게 병을 알리지 않고 "괜찮습니다. 걱정하지 마세요"라고 말해야 한다.

초기 암일 경우는 닥터 쿠퍼의 기금으로 한 번은 수술을 해볼 수 있지만, 산골에서 사는 사람들은 초기에 병원에 올 수 있는 행운을 얻기 힘들다. 피를 토해야 병원에 오는 보통 복촌 환자들은 방사선과 항암치료를 해야 하는 위중한 경우가 대부분이었다.

같은 증상으로 두 사람이 병원에 왔는데, 암이 아닌 환자는 치료를 잘 받고 완쾌되어 집으로 가고, 심각한 암환자는 그냥 돌아가야 하는 일이 생기니 얼마나 마음에 상처가 되었겠는가? 치료 불가능한 암에 걸려 아무런 처치도 못 받고 복촌으로 돌아간 어떤 환자는 우리가 그곳에서 진료할 때마다 찾아와 제발 살려달라고 울며 떼를 써서 여간 마음이 아프지 않았다.

이럴 때 아푸는 중요한 역할을 해주었다. 똑똑한 아푸는 닥터 쿠퍼가 정한 원칙, 만성질환이나 암같이 장기간의 치료가 필요한 병은 도울 수 없다는 규칙을 환자들에게 잘 설명해주었다. 병명을 알고도 치료해주지 못하는 의사의 마음도 아픈데, 가까운 친척이나 마을 사람에게 이런 원칙을 설명해야 하는 순둥이 아푸는 얼마나 더 힘이 들었을까.

암환자는 돕지 않는다는 원칙

어느 날이었다. 아푸가 자기 남동생인 아더를 데려왔다. 25세 청년인 아더는 몇 해 전부터 배가 아팠다고 한다. 나는 체중이 많이 줄어들어 아주 약해 보이는 아더를 데리고 내시경실로 들어갔다.

아더는 무척 두려워했다. 아더는 형 아푸와는 달리 교육을 받지 못해 표준어를 쓰지 못했다. 내가 아무리 괜찮다고 해도 그 말도 이해하지 못하고, 도살장에 끌려온 작은 짐승처럼 겁먹은 눈으로 이리저리 두리번거렸다. 형 아푸는 진찰실에 들어올 수 없었다.

수면내시경을 하려면 비용이 일반 내시경에 비해 두 배나 비쌌다. 의료법상 반드시 마취과 의사가 수면을 시행해야 하는데 현지인들이 감당할 수 없는 금액이었다. 나는 복촌에서 오는 가난한 환자들에게는 수면내시경을 처방하지 않았다.

나는 아더의 입에 목젖 마취제인 자이로케인을 뿌리고 그를 침대에 눕혔다. 내가 웃어 보였지만, 아더는 웃지 않았다. 지금도 아더를 생각하면 내가 돈을 대신 지불해서라도 수면내시경을 해야 했는데 하는 아쉬움이 남는다.

간호사들이 만일의 사태에 대비해 아더의 손을 묶다시피 했다. 나는 내시경으로 아더의 분문, 저부, 체부를 지나 전정에 도달했다. 그

굴과 같은 전정은 이미 파괴되어 있었다. 음식물이 소장에 닿기 전에 마지막 축제를 벌여야 할 그 앞마당이 없어져버린 것이다. 전정의 360도 모두 울퉁불퉁한 암으로 뒤덮여 있었다. 암이 꽤 자라서 소장으로 들어가는 마지막 관문인 유문마저 좁아져 있었다. 좁아진 유문을 통과해서 내시경이 들어가야 하는데 그것이 원활하지 못해 아더는 큰 고통을 겪었다. 아더는 내시경 도중에 많이 토했다.

그 큰 내시경실 안에는 아더가 사는 동네의 말을 할 줄 아는 사람이 아무도 없었다. 보조간호사는 아더에게 긴장하지 말고, 배에 힘주지 말고, 숨을 잘 내쉬고, 그리고 토하지 말라고 아더가 전혀 알아듣지 못하는 표준어로 악을 썼다.

내시경을 해본 사람은 다 알겠지만, 무언가 입안으로 들어오면 생리적으로 저절로 배에 힘이 들어가고 숨이 잘 안 쉬어지고 토하게 된다. 유문이 좁아져 보통 사람보다 더 오랜 시간 내시경을 했던 아더에게 이 시간은 지옥이었을 것이다.

검사를 위해 병변이 있는 여러 곳에서 조직을 떼어내고, 거의 만신창이가 되어 비틀대는 아더를 밖으로 내보냈다. 대신 형 아푸를 들어오게 했다. 아푸도 동생처럼 두려움에 떨고 있었다. 나는 조심스럽게 내시경 소견을 말했다.

"아푸, 동생은 위 전정에 멍울이 있어요. 그것이 소장으로 들어가는 유문을 막고 있어 음식물이 제대로 들어가지 못합니다. 동생은 소화불량으로 잘 먹지 못했을 겁니다."

아푸는 아더가 최근 반년간 제대로 식사를 못하고 밥만 먹으면 토했다고 대답했다.

"며칠 후 조직검사 결과가 나와야 알겠지만, 동생은 진행성위암을 앓고 있다고 생각해요. 일단 CT를 촬영해야 할 것 같습니다."

아푸는 침착하고 사리분별이 뚜렷한 훌륭한 그리스도인이었다. 하지만 나는 우리 사역의 핵심 멤버인 아푸의 동생이 위암에 걸렸다는 결과가 나왔을 때, 과연 닥터 쿠퍼가 정한 원칙 "암환자는 돕지 않는다"를 똑같이 적용할 것인지 속으로 걱정되기 시작했다.

아푸는 내게 뜻밖의 질문을 했다.

"정 선생님, 선생님 나라에선 이런 환자를 어떻게 치료하십니까?"

아푸는 내게 간청하고 구걸하는 질문을 하지 않았다. 대신 인간의 존엄성을 잃지 않은 눈과 절제된 태도로 나의 진심 어린 의학적 견해를 물었다.

나는 솔직하게 이야기했다.

"아푸, 동생과 같은 경우엔 빨리 여러 가지 검사를 해서 암이 어디까지 퍼졌는지 병기 결정을 하고, 암이 아주 멀리 퍼지지 않았다면 수술을 시킬 것입니다. 수술을 하면 우선 먹은 음식물이 잘 내려가고 근치적 치료가 이루어집니다. 동생의 경우는 항암치료가 필요할지 모릅니다. 암이 위장관 벽을 넘어 근처의 림프샘까지 전이되었다면 통상 3기에 해당합니다. 그렇다면 항암제를 적어도 몇 주에 한 번씩 총 6개월 정도 투여해야 합니다. 그렇다고 다 완쾌되는 게 아닙니다. 특히 젊은 나이의 위암은 진행 속도가 빨라 장담할 수 없어요."

아푸의 두 눈엔 눈물이 가득했다. 턱은 굳게 닫혔지만 그는 미소를 띠려고 애썼다. 그는 감사하다고 인사하면서 동생을 부축해 CT를 예약하러 내시경실을 떠났다.

조직검사 결과 아더는 인환세포선암으로 나왔다. 이 암은 위에서 발생하는 가장 흔한 암인 선암 중에서 악성도가 가장 높다. CT는 림프샘 전이가 확실하진 않지만 암이 위벽을 아슬아슬하게 뚫은 것으로 보인다는 방사선과 의사의 소견이 있었다.

제발 결핵이기를

리더인 닥터 쿠퍼와 함께 팀 미팅을 했다. 우리는 모두 괴로워했다. 사실 이런 암환자가 처음은 아니었다. 암은 시골마을 여러 사람에게서 발견되었다. 모두 원칙에 따라 아푸의 설득으로 돌려보냈다. 그런데 이번에는 사정이 달랐다. 그 환자는 우리의 핵심 멤버인 아푸의 동생이었다.

닥터 쿠퍼가 나에게 물었다.

"정 선생님, 지금 상황에서 무엇이 아더에게 가장 필요합니까?"

나는 망설이지 않고 대답했다.

"수술입니다. 만약 암이 위벽을 뚫지 않았다면 2기 전반부로 항암치료 없이 어쩌면 수술로 완치가 가능하지 않을까 싶습니다. 어쨌든 수술을 하면 밥은 먹게 될 겁니다."

CT상 위암의 근처에 저명한 림프샘 소견이 보이지 않는다는 방사선과 의사의 소견을 나는 믿고 싶었다. 그래야 초기 진행성위암으로 아더가 한 번의 수술이라도 받을 수 있을 것 같았다.

나의 의견은 의학적으로는 옳았을 것이다. 그러나 아푸의 동생이 아니었다면 부족한 기금 형편상 다른 환자들에겐 적용되지 못했을 수도 있는 소견이었다.

닥터 쿠퍼는 있는 기금을 모두 모아서 아더를 다른 대학병원 암센터로 보내어 수술을 받게 했다. 한국 돈으로 500만 원 이상의 거금이 들어갔다. 이 돈이면 적어도 열 명 이상의 환자들을 도울 수 있는 금액이었다.

수술을 마치고 아푸는 눈물을 흘렸다. 감사의 눈물이었다.

그 후 아더가 항암치료를 받았는지는 모르겠다. 아마도 비용 때문에 엄두도 못 냈을 것이다. 그렇다고 우리가 물어볼 수도 없었다. 항암치료가 필요한지의 여부는 수술 후 한두 주가 지나면 나오는데 최종 병리소견을 수술했던 병원에 연락해서 알려달라고 해야 한다. 나는 그 연락도 하지 않았다. 결과가 어떻게 나오든 1회 수술이 원칙이었기 때문이다.

아푸는 동생이 수술을 받은 후에도 여전히 복촌의 환자들을 데리고 우리 병원에 와서 나를 만났다. 그의 표정은 평소와 다름없었다.

1년쯤 지났을 때였다. 복촌에 들어갔던 닥터 쿠퍼에게 전화가 왔다.

"정 선생님, 아푸 동생이 설사를 자꾸 한다고 해서 배를 진찰하다 보니 아래쪽 배에 멍울이 만져집니다. 다시 정 선생님을 찾아갈 겁니다. 잘 진찰해주세요."

처음 내시경실에 왔던 때와 똑같이 아더는 겁에 질려 있었다. 표정은 더 일그러져 보였다. 내시경 대기실에서도 내 얼굴을 억지로 외면하고 바깥을 보면서 안절부절못했다. 지난번에 왔을 때, 말이 안 통하고 지나치게 겁을 먹고 있어 이번에는 형 아푸와 함께 진찰실로 들어갔다.

아더의 아랫배에는 확실히 멍울이 있었다. 눌러도 아프지 않고 복벽에 고정된 영락없는 악성 멍울에 가까운 소견이었다.

나는 아더의 바지를 벗겼다. 소독장갑을 끼고 곧 창자 손가락검사를 했다. 손가락검사는 환자의 항문에 의사가 집게손가락을 집어넣어 항문과 직장과 전립선 질환을 진단하는 방법이다.

아더의 항문 속 내 오른쪽 검지가 닿는 직장 전벽은 뭔가에 막혀 진행이 안 되었다. 이것은 복강 내로 암이나 결핵이 퍼져서 직장을 누르고 있다는 증거였다. 내 등에서 식은땀이 흘렀다. 자세히 보니 음낭도 커져 보였다. 간단한 관장을 하고 내시경으로 직장과 구불결장을 살펴보았다. 결핵이기를 바랐다.

'결핵이 대장벽을 침범했기를……제발 결핵이 음낭을 침범했기를…….'

멍울이 결핵성림프샘이길 바라면서 내시경을 밀어넣었다. 그러나 명백하게 여러 개의 멍울이 직장과 구불결장에 산재되어 있었다. 구불결장, 직장, 음낭에서 모두 조직검사를 했다. 마음이 급해 병리과에 직접 전화를 하고 찾아갔다.

"최대한 빨리 결과를 볼 수 있겠습니까? 대단히 중요한 환자입니다."

병리과장이 빙그레 웃었다.

"가난한 환자군요. 정 선생에겐 가난한 환자보다 더 중요한 환자가 없을 겁니다."

병리과장은 고맙게도 다음 날 오후에 결과를 보여주었다. 구불결장과 직장, 그리고 음낭에서 떼어낸 조직은 마치 세 쌍둥이같이 똑같았다. 죽음의 신이 아더를 데려가겠다고 사형선고의 도장을 찍은 '인환세포선암', 바로 위암이 전신에 퍼진 것으로 확진되는 순간이었다.

아푸는 여전히 앞으로 동생을 위해 무엇을 할 수 있느냐고 담담하게 물었다.

나는 고개를 가로저으며 대답했다.

"6개월에서 1년 정도 살 수 있을 겁니다."

아푸는 큰 두 눈에 눈물을 가득 머금고 말했다.

"우리 가족은 쿠퍼 선생님, 정 선생님, 모든 팀원들, 그리고 하나님께 진심으로 감사드립니다. 할렐루야."

아푸는 동생을 데리고 고향으로 돌아갔다.

살려주세요

아더가 의학적 사형선고를 받은 6개월과 1년이 지나고, 다시 1년이 지났다. 그가 하늘나라로 갔다는 소식은 들려오지 않았다. 형 아푸는 일상처럼 복촌의 환자들을 데리고 병원에 왔다. 여전히 성실하고 평안했다. 그는 미소 띤 얼굴로 평소같이 내게 인사를 했다. 아더의 생존 소식은 아푸가 전하는, 깊어가는 그의 병세를 들으며 자연히 확인할 수 있었다.

"아더가 자꾸 토하는데 어떻게 하나요?"

"대변이 더 자주 나옵니다."

"밤에 다리가 아프다고 자꾸 깨고 정신도 오락가락합니다."

사실 전이성 소화기종양은 오래 살기 힘들다. 복막에 전이되면 여러 소화성 장기가 막혀가기 때문에 복수가 차고, 먹지 못해 배변에 장애가 생기는 소화관 증상 외에 간으로 전이되어 황달 등 간부전이 일어나고, 폐에서는 호흡부전, 그리고 중추신경계로 전이되면 정신이 오락가락하게 된다. 환자인 아더는 물론이고 옆에서 보고 있는 가족들도 얼마나 힘이 들겠는가?

"하나님은 왜 아더를 끔찍한 고통 속에서 두 해가 지나도록 이 땅에 남아 있게 하시는가?"

나는 솔직히 하나님이 이해되지 않았다. 자책과 원망도 생겼다.

'처음 발병해서 병원에 왔을 때 암환자는 돕지 않는다는 원칙을 따르지 왜 아더에게 수술을 하도록 했을까. CT에는 나오지 않았지만 혹시 림프샘비대가 발견되었는지 왜 한 번 더 방사선과 의사를 찾아가 봐달라고 하지 않았을까. 항암치료를 안 한다고 했지만 왜 그래도 수술 후에 병리결과지를 찾아보지 않았을까. 왜 내 돈을 들여서라도 아더의 항암치료를 시키지 않았을까. 그랬으면 지금 아더는 어떻게 되었든 암에서 자유로울 수도 있었을 텐데……'

의학적으로 내린 기대수명과 환자의 수명이 일치하지 않을 수 있다. 하지만 아더의 상황을 전해 들을 때마다 그가 겪는 고통만큼이나 내 양심에 꽂히는 자책의 고통도 커갔다.

본국사역을 갖기 전 여러 사역을 정리하면서 그동안 돌봐왔던 환자들을 만나러 아푸 형제가 사는 복촌의 또 다른 마을로 진료를 나가기로 했다. 환자들의 상태를 정리하고 후임의사에게 확실한 정보를 전해주는 게 환자에게 도움이 될 것이었다.

나는 사랑하는 닥터 요셉과 함께 복촌으로 가기로 했다. 닥터 요셉은 바쁜 중에도 장기간 휴가를 내고 나와 동행했다. 복촌으로 떠나기 전날 밤에 아푸에게 전화가 왔다.

"정 선생님, 동생이 선생님을 꼭 한 번 뵙고 싶어합니다. 제발 저희 집에 와주세요."

수화기 너머로 아푸의 애절함이 튀어나오는 것 같았다. 그러나 내가 그곳에 간다 해도 이미 의사로서 해줄 게 아무것도 없었다. 아더가 죽어가는 모습을 괴롭게 지켜봐야 할 뿐이었다. 아푸는 내가 허락하기까지 전화기를 놓지 않았다.

복촌에 도착하니 그 마을 전도인인 모리 자매가 진료일정표를 내게 보여주었다. 시간표의 어느 하루는 통째로 비어 있었다. 아푸의 부탁이었을 것이다.

아푸의 집으로 가는 날이었다. 나와 닥터 요셉은 이른 아침에 작은 차를 타고 산 넘고 물 건너 산골마을에 도착했다.

아푸는 집에 없고, 그와 똑같이 생겼으나 세월의 고난이 굵고 깊은 이마의 주름으로 새겨진 아푸의 아버지가 우리를 맞이했다. 작지

만 평화로운 집이었다. 뒤뜰에는 아푸의 아버지가 지은 움막이 한 채 있었다. 아더가 기거하는 곳이었다.

움막의 문을 열기도 전에 썩은 아세톤 냄새가 코를 찔렀다. 중환자실이나 암병동 말기환자가 죽어갈 때 나던 그 냄새였다. 아더는 침대에 누워 있었다. 어머니와 누이가 시중을 들고 있었다. 나는 아더에게 힘들게 미소를 지었다.

정말이지 커다란 두 눈이 나를 반갑게 응시하고 있었다. 그는 뼈 위에 피부 몇 조각을 걸쳐놓은 것 같았다. 나는 말없이 청진기와 혈압계를 꺼내 그의 옆에 무릎을 꿇었다. 혈압을 그렇게 오래 잰 적도 없었으리라. 혈압계의 40과 50 사이에서 잠시 맥이 느껴졌다.

갑자기 나는 내 자신이 톨스토이의 소설『이반 일리치의 죽음』에 나오는 의사 같았다. 죽음에 임박한 이반 일리치를 형식적으로 진찰하며, 맥이나 체온을 재고, 몸 사방 군데를 두드리고, 마치 몸에서 나는 어떤 소리를 듣고 있는 듯 시늉하는 의사의 역할을 내가 하고 있는 것은 아닌지, 혹시 아더가 내가 하는 이런 무의미한 진찰에 한 줄기 희망이라도 품진 않을까 더 걱정되었다.

한참을 청진기로 아더의 뼈가 드러난 가슴과 배에 대고 있는데, 갑자기 아더가 손을 들어 내 손목을 잡았다. 뼈만 앙상한 손이었다. 깜짝 놀랐다. 해골뿐인 그 얼굴이 온 힘을 다해 입을 벌려 말했다.

"살려주세요."

복촌 진료여행을 마치고 집에 돌아와서도 내 귀에는 "살려주세요" 하는 아더의 목소리가 계속 들렸다. 우리는 그를 일찌감치 포기하고 죽은 사람 취급을 했는데, 아더는 그래도 살고 싶었던 것이다. 아더뿐만 아니었다. 그의 가족도 그를 포기하지 않았다. 아더의 어머니는 꿀물을 만들어 넘기지도 못하는 해골 같은 아들을 부둥켜안고 먹이고 있었다. 6개월도 못 넘길 줄 알았던 아더가 2년 넘게 살 수 있었던 이유는 가족의 사랑이었다.

내가 무엇을 할 수 있겠는가? 식사를 하고 가라는 아푸 아버지의 청도 물리치고 차에 오르는 나의 비대한 몸이 부끄러울 뿐이었다.

아더에게 다녀온 지 이틀이 지났다. 본국사역을 보내러 한국으로 떠나기 전, 아푸에게서 전화가 왔다.

"정 선생님, 저희 집에 와주셔서 감사합니다. 어제 아더가 하늘나라에 갔습니다."

전화를 받으며 나는 안도의 한숨을 쉬었다. 아더는 육신의 고통을 벗고 하나님의 안식에 들어갔다. 나도 그동안 아더에게 미안했던 마음과 찔림을 내려놓을 수 있었다. 사랑이 풍성하신 주님은 청년의 아름다운 때를 제대로 누리지 못하고 천국으로 간 아더의 영혼을 따뜻하게 맞아주실 것이다.

형편없는 의사요 선교사인 나는 수년 만에 가는 한국행 비행기를 타기 위해 낡은 양복을 주섬주섬 챙겨 입고 집을 나섰다.

상처의 복기

햇볕이 잘 드는 도서관 창가에 앉았다. 본국사역을 맞아 나의 나그네 여정을 살펴보는 시간이었다. 아더의 기억이 고통 가운데 다시 떠올랐다. 아더 생각을 하면 왜 이렇게 힘들고 아픈가. 나는 주님께 의사로서 내 정체성과 그 고통의 원인이 무엇인지 기도하며 당시를 복기하기로 했다.

제일 먼저 떠오르는 장면은 처음 병원 내시경실에서 아푸의 동생으로서 만났던 아더의 존재였다. 그의 주민등록상 공식이름도 기억나지 않는다. 그 부족의 차남은 아더라고 들어서 알고 있을 뿐이다.

추운 겨울날이었다. 그 큰 대기실은 난방이 되지 않았고, 내시경실도 마찬가지였다. 이 나라는 국법에 의해 일정 위도 아래에선 겨울철 난방이 금지되어 있다. 가끔 영하의 날씨가 되어도 그냥 견뎌야 했다.

내시경실에서의 내 모습이 보였다. 그 추위에 아더의 옷을 벗기고 A/N/V/D/C(식욕부진, 오심, 구토, 설사, 변비)로 시작되는 소화기증상의 의무기록을 작성하며 사무적인 말을 하는 의사의 모습이었다. 두려움에 떠는 아더에게 도시에 온 것은 처음인지, 따뜻한 북촌에서 왔는데 춥지는 않은지 묻지도 않았다. 아더의 명치를 사정없이 눌러보기도 하고, 표준어를 못해 상황도 파악 못하는 환자에게 진정제도 투여하지 않고 위내시경을 꽂는 장면도 보였다. 접수실 직원, 간호사, 기사, 의사인 나까지 말이 안 통한다는 이유로 아더를 판단 능력이 없는 바보 취급을 했는지도 모른다.

아더는 얼마나 무서웠을까? 자기 자신의 병에 대해 외국인 의사는 형 아푸하고만 얘기를 했다. 정작 환자인 자신은 경비 절약을 위해 얻은, 쥐와 바퀴벌레가 우글대고 햇빛도 들지 않는 뒷골목 싸구려 숙소에서 며칠을 대기하며 이유도 모른 채 밥도 굶고 있었으니 말이다. 더구나 배 한가운데 20센티미터 이상의 큰 Y자 모양의 흉터가 남는 수술에 대해서도 우리는 그의 의견은 묻지도 않았다.

주님은 보다 생생하게 아더의 모습을 보여주셨다. 1년 뒤, 아랫배에 생긴 멍울로 다시 병원에 왔던 아더는 외국인 의사와 간호사에 의해 무자비한 관장을 당하고, 항문으로 뭔지도 모르는 기계가 들어가고, 다시 여자 간호사들 앞에서 속옷을 내리고 음낭 조직검사를 당했다. 암환자지만 성장한 청년에겐 잔인한 일이었다. 나는 그것까지 헤아려 줄 여유가 없었던가?

아더는 아마 자신의 병에 대해 누구에게도 자세한 설명을 듣지 못했을 것이다. 그곳 관습에 따라 "괜찮다, 걱정 마라, 다 잘될 것이다"라는 말만 들었을 것이다. 엘리 위젤의 『나이트』에 나오는 '상처 입은 짐승'의 모습으로 죽어가면서도 마지막으로 찾아온 나에게 "살려주세요"라고 말하던 아더를 기억하면 또 가슴이 아프다. 아무리 그 지역의 문화라고 하지만, 왜 나는 그와 진지하게 그가 걸린 병과 예후, 그리고 죽음 뒤의 소망에 대해 직접 이야기를 나눠볼 생각도 못했던가? 이유도 모르고 죽어가는 것이 더 잔인한 일이 아닌가.

주님은 물으신다.

"너는 아더를 하나님이 창조하신 하나님의 형상으로 대했느냐?"

나는 그때 누구였을까? 가장 빠르게, 가장 정확하게 진단하려는 '알파고'와 같은 기계는 아니었을까? 선교사들 가운데 3차병원에서 근무하는 유일한 외국인 전문의로서 원칙만이 최고라는 오만함에 사로잡혀 있었던 건 아닐까?

햇빛이 찬란했던 창밖은 어느새 어두워져 흰 눈이 내리고 있었다. 깊어가는 겨울, 주님은 나에게 의사라는 직업의 외로움과 두려움, 그리고 소명에 대해 무엇인가 이야기를 나누고 싶어하시는 것 같았다.

두 군데의 신학교를 기웃거렸음에도 단 한 번도 목회자의 길로 부르심을 받았다는 생각을 하지 않았던 이유는, 구원받은 죄인으로, 또 나처럼 심신이 찢긴 영혼들의 상처를 보듬어줘야 한다는 소명이 있었기 때문이다.

솔직히 말하면 나는 아더의 목숨을 구하고 싶었다. 처음 암 진단이 나왔을 때부터 한국 등 의료가 발달한 좋은 나라에 아더를 데려가서 정확한 진단과 수술, 그리고 항암치료까지 완벽히 끝내 그를 살려내고 싶었다. 하지만 그렇게 하지 못했다. 의사로서 아더를 완벽하게 도울 수 없었던 무력감과 예수님의 제자로서 본을 보여야 하는 중압감이 내 영혼을 누르고 있었다.

의사라고 해서 모든 환자들을 낫게 해줄 순 없으므로 아더의 목숨을 살리지 못한 것에 죄책감을 가질 필요는 없었다. 나는 의사로서 아더를 치료하지 못했다는 것보다, 돌보는 자로서 부르심을 받고 그 직분을 다하지 못했다는 것에 더욱 죄책감을 느꼈다.

모리아 땅으로 이삭을 데리고 가던 아브라함의 사흘 길을 생각했다. 이삭은 아브라함이 100세에 얻은 아들이었다. 그 아들을 바치라는 여호와께 순종하기 위해 가는 그 길은 참으로 외롭고 힘들었을 것이다.

여호와를 경외한다는 건 축복과 사랑과 기쁨이 가득한 꽃길만 걷는 것이 아니다. 죽음을 향해 가는 비통하고 거친 사막길이기도 하다. 예수님의 십자가 길과 같다. 하지만 그 길에는 하나님의 긍휼하심이 함께하신다.

"불과 나무는 있거니와 번제할 어린 양은 어디 있나이까?"(창 22:7)라고 묻는 이삭에게 아브라함은 대답한다.

"내 아들아 번제할 어린 양은 하나님이 자기를 위하여 친히 준비하시리라"(8절).

의사이든 선교사이든 이 세상의 모든 병과 고통을 다 해결할 수는 없다. 우리가 할 수 있는 일은 고통당하는 사람 옆에서 함께 걸어가는 것이다. 눈을 마주보기도 하고, 그의 말을 들어주기도 하고, 먹을 것을 나누기도 하고, 부축도 하고, 병도 고쳐주고, 노래도 같이 부르면서 죽음의 공포를 같이 이겨내며 천성으로 가는 길을 걷는 것이다. 우리는 우리가 가진 것으로 그를 돕고, 그는 우리에게 하나님의 사랑을 보여준다. 우리 모두에게 주님의 긍휼이 함께하심을 기도하면서.

또 다른 아더를 만난다면

아더는 방황하는 나를 적당한 깊이의 거친 자갈과 암석, 그리고 해초가 무성한 해구로 끌고 와 내 영혼의 닻을 그리스도의 심장에 내리게 한 좋은 친구였다. 그는 보이는 것이 전부라고 믿는 나의 지적인 믿음을 넘어 하나님을 정서적으로 경험하게 해주었다. 아더를 통해 나는 긍휼과 공동체와 예배를 다시 배웠다.

긍휼을 뜻하는 영어단어 컴패션(compassion)은 엄밀히 말해 명사지만, 우리말로는 동사다. 다른 사람과 고통을 함께한다는 건 어떤 순간의 사건이 아니고 연속적인 일이다. 그렇게 보면 우리말의 의미가 라틴어보다 성경적이다.

한자로 휼(恤)이란 단어보다 더 가슴 저린 단어가 있을까? 휼은 마음(心, 여기에서 마음은 심장과 창자 둘 다를 이른다)과 피(血)가 연합한 글자다. 긍휼이란 창자가 끊어지는 고통 속에서의 자비함을 말한다. 이것은 누가복음 15장 20절에서 나오는 돌아온 탕자를 맞으러 나가는 아비의 마음, 측은(惻隱)과 일맥상통한다.

헬라어의 측은($\epsilon\sigma\pi\lambda\alpha\gamma\chi\nu\iota\sigma\theta\eta$)도 창자의 고통과 상관있다. 의사인 나

의 소견으로는 창자에 있는 신경이 우리 몸과 마음의 고통을 가장 잘 표현하기 때문이다. 누구나 한 번쯤 스트레스가 심할 때 배가 아프거나 구토, 설사 등을 경험했을 것이다. 바로 이 신경이 작동한 것이다.

내가 사역했던 나라에선 공식적으로 예수님을 전할 수 없었다. 나의 비자는 레지던트들을 수련시키고 환자를 치료하라고 나온 것이었다. 그러나 이 세상에서 사랑하는 것을 금지할 법을 세울 수 있는 나라는 없다. 이 나라의 정부는 선교사인 내 입은 막을 수 있어도 눈을 감게 할 수는 없다.

내가 있던 선교지는 다양한 민족이 여러 언어를 쓰며 수천 년을 살아온 곳이다. 아더처럼 표준어는 통하지 않고, 문화를 이해하지 못하면 소통이 어렵다. 선교사인 나는 앞으로도 이런 사람들과 함께 살게 될 것이다. 비록 통역자를 통해 그들과 대화하더라도 나의 눈은 달라질 것이다. 날마다 이렇게 기도하며 환자들과 영혼들을 돌볼 것이다.

"저의 두 눈에 주님의 긍휼한 마음과 단장의 마음을 심어주시고 측은지심을 담아주옵소서. 저의 눈이 이 세상에서 끝나는 삶 너머에 있는 예수 그리스도의 십자가와 내일의 희망을 말하게 하옵소서."

나의 귀도 달라질 것이다. 비자가 거절당해 사역지로 돌아가지 못한 후, 나는 미얀마 난민촌에 다녀왔다. 그들을 치료하다보니 '꾸냥'이란 말이 자주 들려왔다. 그 말은 이곳 난민들의 사투리였다. '고통' 혹은 '아프다'라는 뜻이라고 했다. 나는 '꾸냥'이란 말이 들릴 때면 최대한 눈과 귀를 그들에게 가까이 기울였다. 내 귓속에도 주님의 긍휼을 이식해달라고 기도했다. 그들 가운데서 혹시 누군가가 "왜 당신이 내 꾸냥에 관심이 있느냐?"고 물어온다면 나는 주님의 은혜로 십자가와 구원의 소망을 주신 그리스도에 관해 온유와 두려움으로 대답할 것이다.

정말 만약에, 주님이 아더와 같은 형제를 다시 보내주신다면 내가 먼저 손을 내밀어 잡아주고, 미소를 지어주고, 그의 고통에 귀를 기울이며, 입을 열어 위로할 것이다. 그가 병을 이기지 못하고 천국으로 갈 게 확실하다 할지라도 그를 다시는 고아처럼 버려두지 않고 말씀을 들려줄 것이다.

"잠시 후, 낙원에 예수님과 함께 있을 것입니다"(눅 23:43).
온몸과 마음을 다해 우리 주님의 위로를 전해볼 것이다.

내가 만약 아더를 다시 만나게 된다면, 난 현지의 문화가 허용하는 한도 내에서 아더의 궁금증에 답할 것이다. 아무리 미약한 사람이라 할지라도 그를 배제하지 않을 것이다. 그가 속한 공동체가 우리의 생각과 문화와 다르다면, 그래도 최선을 다해 그의 아픔을 위로하고 동참할 수 있는 방법을 찾을 것이다. 감사하게도 그의 공동체가 그리스도를 아는 곳이라면 "할렐루야"를 외치며 우리 함께 기도하자고 권면할 것이다.

　나는 중고등학교를 지내면서 적당한 친구 하나를 사귀지 못했다. 예수님을 믿기 시작하면서 주님은 공동체를 통해 나를 이끌어주셨다. 목표를 잃고 휘청댈 때도, 영혼과 육신이 아팠을 때도 공동체는 나에게 힘을 주고 일어나게 해주었다. 그 안에서 함께하는 예배는 얼마나 아름다웠는가. 가난해도 서로의 고통을 함께하는 공동체와 함께 드리는 진정한 예배가 있는 곳이 주님의 긍휼이 있는 진정한 교회일 것이다.

　롯이 생각난다. 아브라함의 가족이라는 신앙공동체를 떠난 순간부터 그의 말년은 얼마나 비참했는가. 그가 그 신앙공동체를 떠나지 않았다면 창세기의 역사가 바뀌었을 것이다.

　아푸와 아더 형제에게 진심으로 감사한다. 그들이 나를 긍휼이 무엇인지 아는 의사로 만들어주었다. 의사라는 직업과 소명, 그 두려운 두 단어 사이에서 그리스도의 제자라는 주님이 내게 주신 소명을 일깨워준 천사들이었다. 의사면허증을 받았을 때, 처음 선교사 파송을 받았을 때, 내가 잠잠하면 내 청진기가 소리칠 것이라고 했던 나의 기도를 기억나게 해주었다. 주님이 내게 아더를 보내신 것같이 앞으로 또 다른 수많은 아더들을 만나게 해주실 것이다. 주님이 보내신 아더들에게 진심으로 나의 눈과 귀를 기울이고, 그들의 고통을 함께하며, 마지막 순간까지 손을 잡아주며, 입을 열어 십자가에 대해 나누리라.

나는 지금 사랑하는 사역지를 떠나왔다. 조만간 또 다른 곳으로 인도하심을 받을 것이다. 어디를 가든지, 무엇을 하든지, 주님이 아디를 통해 내게 가르쳐주신 긍휼한 마음을 잃지 않는 의사로서, 겸허히 공동체를 섬기고 서로를 하나님의 형상을 가진 존재로서 바라볼 것이다. 오직 예수님만 드러나는 공동체 안에서 십자가를 지고 무릎으로 예배를 드리며 성령의 인도하심을 구할 것이다.

나는 존재한다. 나의 형제들과 그리스도인으로서의 가족정체성과 정직한 영과 몸을 가지고 함께 주님을 예배하고 기뻐하는 믿음을 표현함으로, 아멘, 그리스도 예수의 이름으로.

"예수께서 무리와 제자들에게 말씀하여 이르시되……너희 선생은 하나요 너희는 다 형제니라"(마 23:1, 8).

나오는 글

나는 창자다

사람의 창자는 총 길이가 얼마나 될까? 위가 끝나는 유문 바로 너머의 유문 괄약근부터 항문까지의 성인 창자, 즉 위나 식도를 제외하고도 평균 7미터 정도 된다. 진료실에서 이런 이야기를 하면 어떤 환자는 자기 배를 쳐다보며 신기해한다.

"어떻게 7미터나 되는 창자가 이 좁은 배 안에 들어 있을 수 있나요?"

건강검진으로 위내시경과 대장내시경을 하는 분들은 의사가 자신의 뱃속을 다 들여다봤을 것이라고 생각하는데 실제로는 그렇지 않다. 상부 위장관의 주요 부분인 구강에서 시작해서 유문까지, 즉 위

식도는 1미터가 채 되지 않는다. 대장내시경에서 볼 수 있는 부분은 맹장(충수돌기가 아닌 대장의 시작 부분)부터 항문까지 약 1.5미터가 채 안 되는 부분이다. 정작 가장 긴 소장에서 불과 25센티미터여 되는 십이지장 그것도 처음의 반 정도만 진찰하고, 나머지 6미터는 들여다보지도 않는다.

"왜 그것만 보고 소화기 전체인 위와 장을 다 관찰했다고 의사들은 말하나요? 일종의 거짓말 아닌가요?" 이렇게 항의하는 환자도 있을 수 있다.

창자는 내게 무한한 철학적 기원을 제공해주었다. 창자의 최종 목적이 그러했다.

사람이 섭취한 음식물의 최종 목적지는 화장실이다. 우리가 맛있게 먹은 음식물은 창자 속에서 배설물로 변해간다. 창자는 음식물로부터 우리가 쓸 수 있는 모든 것을 빼내 온몸으로 공급해준다. 단백질, 탄수화물, 지방뿐만 아니라 무기질과 비타민 등 우리 몸에 필요한 것은 100퍼센트 작은창자(소장)에서 흡수된다. 위의 역할은 마치 도기를 만들기 위해 도공이 흙을 찰지게 섞고 이겨놓는 것이라면, 창자는 그 흙에서 상감청자를 빚어낸다고 할까?

음식물은 6미터 남짓한 작은창자를 거치면서 자신의 모든 것을 다 바친다. 그 다음, 걸쭉한 반죽 형태의 배설물은 큰창자(대장)로 옮겨간다. 큰창자가 시작되는 곳을 회맹판이라고 한다. 매일 약 2리터의 거의 소화가 끝난 음식물이 회맹판을 통해 결장으로 들어간다. 이곳을 지나면 음식물은 다시 작은창자로 돌아갈 수 없다.

여기에서 작은 기적이 일어난다. 모든 영양분을 다 빼앗긴 채 쓸모없어 보이는 그 걸쭉한 반죽은 아직 남아 있는 자신의 수분마저 짜내 큰창자의 점막에 제공하는데, 이렇게 흡수된 수분은 몇몇 전해질과 함께 몸 안의 체액으로 부활해 우리의 혈압을 유지하게 한다.

수분조차 잃어가며 점점 딱딱해지는 배설물은 마지막으로 우리를 살리는 매우 중요한 일을 한다. 대장 안에 정상적으로 존재하는 세균들이 서로 잘 자랄 수 있게 해주는 퇴비가 되는 것이다. 의학적으로 프로바이오틱스(probiotics)라고 불리는 건강한 세균들은 생물의 공생관계를 의미하는 프로바이오시스(probiosis)에서 유래했다. 이 프로바이오틱스는 장 안 세균들의 밸런스를 유지하고 건강에 유익한 세균, 즉 유산균과 비피더스균을 일컫는다.

비록 항생제의 남용과 음주 등으로 이 귀한 프로바이오틱스는 심각하게 해를 당하고 있지만, 우리 몸의 균형을 잡아주는 매우 중요한 역할을 한다는 점을 잊어서는 안 된다.

모든 유익한 것들을 다 내어준 배설물은 이제 정말 필요가 없어져 더럽고 천덕꾸러기처럼 세상에 나오게 된다. 이 냄새나는 영광의 최종 산물은 길고 긴 여행을 통과한 진정한 승리자다.

　나는 안다. 이것이 나의 인생이요, 주님 앞에서의 나의 영광이다.

　나는 창자요, 배설물이기 때문이다.

1865년 허드슨 테일러가 창설한 중국내지선교회(CIM : China Inland Mission)는 1951년 중국 공산화로 인해 철수하면서 동아시아로 선교지를 확장하고 1964년 명칭을 OMF International로 바꿨다. OMF는 초교파 국제선교단체로 불교, 이슬람, 애니미즘, 샤머니즘 등이 가득한 동아시아에서 각 지역 교회, 복음적인 기독 단체와 연합하여 모든 문화와 종족을 대상으로 예수 그리스도가 구세주이심을 선포하고 있다. 세계 30개국에서 파송된 1,300여 명의 OMF 선교사들이 동아시아 18개국의 신속한 복음화를 위해 사역 중이다.

OMF 사명
동아시아의 신속한 복음화를 통해 하나님을 영화롭게 하는 것이다.

OMF 목표
하나님의 은혜를 통하여 동아시아의 모든 종족 가운데 성경적 토착교회를 설립하고, 자기 종족을 전도하며 타종족의 복음화를 위해 파송되는 것을 목표로 한다.

OMF 사역 중점
- 우리는 미전도 종족을 찾아간다.
- 우리는 소외된 사람들에게 관심을 갖는다.
- 우리는 복음을 전하는 일에 주력한다.
- 우리는 현지 지역교회와 더불어 일한다.
- 우리는 국제적인 팀을 이루어 사역한다.

OMF International-Korea
한국본부 (137-828) 서울시 서초구 방배중앙로 29길 21 호언빌딩 2층
전화 02-455-0261, 0271   **팩스** 02-455-0278
홈페이지 www.omf.or.kr   **이메일** omfkr@omfmail.com